小米进化论

创建未来商业生态

吴越舟　赵桐　著

北京联合出版公司
Beijing United Publishing Co.,Ltd.

图书在版编目（CIP）数据

小米进化论 : 创建未来商业生态 / 吴越舟 , 赵桐著
. -- 北京 : 北京联合出版公司 , 2021.5
ISBN 978-7-5596-4940-9

Ⅰ . ①小… Ⅱ . ①吴… ②赵… Ⅲ . ①通信企业－工
业企业管理－概况－中国 Ⅳ . ① F632.4

中国版本图书馆 CIP 数据核字（2021）第015177号

小米进化论：创建未来商业生态

作　　者：吴越舟　赵　桐
出 品 人：赵红仕
选题策划：北京时代光华图书有限公司
责任编辑：徐　樟
特约编辑：王萌萌
封面设计：新艺书文化

北京联合出版公司出版
（北京市西城区德外大街83号楼9层　100088）
北京时代光华图书有限公司发行
北京晨旭印刷厂印刷　新华书店经销
字数152千字　787毫米 ×1092毫米　1/16　18.25印张
2021年5月第1版　2021年5月第1次印刷
ISBN 978-7-5596-4940-9
定价：68.00元

目录

战略 2.0
模式创新，打造生态链运营平台

推荐序

基于时代的高速增长需要基因

中国改革开放40多年来已经成为世界第二大经济体，一路走来，成绩斐然。这体现了我们这个曾经经济落后的农业大国，在中国共产党的正确领导下，发挥出了巨大的能量；也体现了中华民族文化基因所孕育的巨大潜能；更离不开中国企业家群体的奋斗精神与创新精神。作为一个高速成长的发展中国家，我们的探索与实践为世界产业的发展也做出了一定的贡献。华为、美的、格力、海尔、阿里巴巴、腾讯、小米等一批优秀企业以自身高速、持续的有效增长，创立了中国的品牌，也诠释了中国企业崛起的轨迹。对它们成长性的研究与商业模式的分析，对中国正在成长中的广大中小企业具有极重要的启发意义和借鉴意义。

在进入世界500强的100多家中国企业中，如果让我选择3家最典型的企业来研究的话，第一家无疑是华为。华为创立了33年，实现了32年的长期有效增长，从一家弱小的民营企业成长为一家世界级的行业领军企业，在它身上可以找到中国改革开放40多年以来，中国企业成长与演进的所有年轮与印记。可以说华为是中国企业的杰出代表，是中国企业与中国产业的骄傲。第二家我会选择阿里巴巴。阿里巴巴作为互联网企业的代表，创立21年，完成了21年的高速持续增长。截至2019年，其年营收接近3800亿元[①]，在互联网世界构建起了一个庞大的帝国，是中国在全球互联网企业界中的杰出代表。第三家可选择小米。小米自2010年4月创立至今，刚刚10年，2019财年的年度销售额已超过2000亿元。它是移动互联网时代的佼佼者，它以爆发性的增长速度取得了千亿元营收，以最短周期冲进了世界500强名单。虽然它在成长中，年度业绩也有短期徘徊，但其对未来万物互联世界的理解则是独树一帜的，其在战略演进的探索与商业模式的创新让人眼前一亮。

当前市面上研究小米的书籍与文章不少，但本书的视角独

---

① 本书数据截至2020年6月30日。

特，立意新颖，结构清晰，具有启发性。本书作者一直致力于中国企业的成长性研究，多从行业演进、企业成长、战略演进、商业模式、营销策略、运营效率、管理机制与组织体系等多个方面进行综合性研究。从这层意义上看，我认为本书具有三大特点。

第一个特点是聚焦企业的成长历程。小米公司虽然创立只有10年，但这10年人类跨进了一个全新的时代，移动互联网让整个社会与产业都发生了翻天覆地的变化。小米正是在这种技术迭代与社会变迁的背景下，对各种外部市场的“风口”机会有着独特的洞察与透视下成长壮大的。书中客观地阐述了小米10年战略演进的三大周期。第一周期是营销洞察风口，铸就粉丝的战略驱动力；第二周期是经营模式创新，打造生态链运营平台；第三周期是商业模式复合与迭代升级，创建未来万物互联的商业生态。从小米10年成长的轨迹看，雷军在企业上市之前已成功地跨越了创业期。在创业阶段雷军清晰地勾画出了多条业务曲线，从爆款手机到粉丝驱动，从生态链企业到生态链平台，从新零售到社交电商，从全渠道到大数据，再到人工智能……小米的感应能力、联结能力与持续学习能力的确有点强，而多条业务曲线的互动与协同效应也正在显现。

第二个特点是内容系统性强，具启发性及借鉴性。本书作者具有十多年的企业经营经验与咨询经历，他们能全方位从战略、营销、运营、管理、组织与文化多维视角系统地解读小米，对中国正在成长的广大中小企业主与经理人具有启发性与借鉴性。从产业发展史的角度来看，从工业时代、PC 时代到移动互联时代都离不开传承与创新，小米的战略进程显示了高价值与高效率的新融合。从商业模式演进的角度来看，创造一种全新的商业模式离不开天时、地利与人和。雷军的睿智则在于既能感应用户（粉丝）心灵深处的萌动，又能洞察产品技术世界的核心秘密。从 2C 营销职能创新的角度来看，目前市场的人群结构、消费需求与消费习性都变得充满不确定性，小米的策略是在线上、线下与社群三度空间中和用户心灵相通、心灵相依、心灵同频。所以，要系统地、整体地与深度地看懂、读懂小米并不容易，本书在这个方面做出了极有价值的新探索。

第三个特点是具有哲理深度。本书按照小米 10 年的成长历程共分了 10 章，这 10 章是对小米的具体业务模式与管理模式的解读。作者对每一章都进行了归纳，这种归纳充满哲理：爆发与孕育、联结与节奏、风口与定力、先觉与自觉、新人与新品……让我们扩展了联想的时间与空间。这些归纳都是作者深度思考的结晶，具有较强的逻辑性，既增加了小米案例分析的通俗性与可读性，还可触发读者对场景的联想，又能启发读者对自身经营经验与经历的深度思考，定会对广大的企业家与经理人朋友有所帮助。

中国人民大学劳动人事学院教授

华夏基石管理咨询集团董事长

彭剑锋

推荐序

向下一个 10 年出发

从 2010 年成立至今，小米已经走过了不平凡的 10 年。

小米成立 10 年，已经两次成功荣登《财富》杂志世界 500 强企业榜单，是最年轻的世界 500 强企业，这在中国商业史上可以称为一个奇迹。

2020 年，疫情的暴发让世界经济面临严峻考验。最新数据显示，2020 年第二季度，全球智能手机市场销量因此狂降 20%。2020 年第二季度及上半年业绩公布，小米的各项业务却逆势增长，全面超越市场预期。在小米的营业收入中，境外市场收入达到 240 亿元人民币，同比增长 10%。由此可以看出，小米经受住了重大考验，小米产品也已经逐渐赢得了全球消费者的认可。

小米10年的实践经验，对中国各类企业都有一定的启发意义，具有极高的研究价值。

本书的两位作者均为出色的管理咨询顾问，具有多年实战经验。他们对小米10年的发展进行了深入研究，拥有自己独到的见解。

本书从商业模式、营销策略、产品开发、运营运作、管理机制等方面详细论述了小米10年的成长历程，并从产业发展史与企业咨询的角度对小米的创业、创新、成长与发展进行深度剖析。本书认为，学习小米，应该从小米的成长过程中去分析和思考、从小米的实践与探索中去领悟与感悟，全面地认识小米，并且学习小米的奋斗与进取精神。本书将是各类企业解锁小米战略的金钥匙。

小米将一往无前，把过往作为再次出发的起点。我们希望中国有更多的企业与小米一起乘风破浪，扬帆远航！

谷仓爆品学院创始人兼CEO

洪华

自序

小米战略的道、局、术

2020年3月31日晚小米发布了2019年财报。财报显示，2019年小米全球销售1.25亿部手机，IoT（物联网，The Internet of Things）连接规模扩大，整体营收突破2000亿元，同比增长17.7%，净利润达115亿元，同比增长34.8%。小米不仅在2019年取得了优异的成绩，也为小米10年的成长交出了一份满意的答卷。

小米的确是移动互联网时代的产物。小米在这10年时间里高速发展，的确值得思考与研究。小米10年的实践，无论是对中小企业，还是大型企业；无论是对传统企业，还是互联网企业；无论是对以国内市场为主的企业，还是正在参与全球化的企业都有一定的启发意义——小米是从小到大，从国内走向全球的，融合了互联网与制造业两类企业的基因。

我们对小米的跟踪研究已长达数年，对小米 10 年战略的发展过程进行了详细的研究。从小米战略演进的整体来看，其战略结构清晰，层层递进。阅读本书，读者能从中发现小米战略道、局、术的系统性，也就是战略意图、布局与实施的整体性与高效性。

首先是**战略意图**（也称战略假设）。战略意图表现为空间上的宏观设想与时间上的长期预测，它往往呈现为战略决策者的一种直觉、潜意识与大致的方向感。雷军在小米三大战略周期开启之时，就表现出了超凡的战略假设能力。

其次是**战略布局**（也称战略筹划）。战略布局表现为空间上的资源配置与时间上的阶段性安排，具体表现为资源如何配置、人员如何选拔、新业务与新模式如何探索。小米的多条业务曲线的规划与探索也反映了小米核心团队的周期性布局与筹划能力。

第三是**战略实施**（也称战略节奏）。战略实施表现为空间上的微观与具体的细节调整，以及时间上节奏的随机应变。从手机、粉丝、生态链、新零售、社交电商、全渠道、大数据到人工智能，小米在每一种商业模式的探索中均保持最具激情的青春创造力、极致设计的产品创新力，这就是小米对战略实施与节奏把控的最好诠释。

战略意图（战略假设）的关键点是**“动与静”**。这里的“动”是指雷军对移动互联网时代风口期与战略机会期的“动感”“心动感”与“行动感”，是战略企业家的一种直觉与先觉。从小米 10 年的宏观层面上来看，雷军对移动互联网时代大机会的理解、把控是非凡的，他在不同周期，不失时机地抓住了这个时代的战略机会点。从手机到粉丝模式，从生态链到新零售模式，从 IP 营销到互联网服务模式，小米总是能在第一时间做到“先动”“快动”与“联动”。这种动让小米占尽了先机、先手与先势。小米在战略意图（战略假设）层面的“大动”“高动”“灵动”是驱动小米 10 年高速成长的第一动力之源。当然，在战略之“动”背后是战略之“静”。这里的“静”是指动之前的长期孕育与积淀，还包括“动”之后的持续探索与执着实践。同样，雷军及其团队核心在面临种种困难与非议时，所表现出来的坚定不移的事业信仰与持续的战略定力，就是“静”的生动体现。小米在战略的宏观层面表现出了这种“动与静”的优美融合。

战略布局（战略筹划）的关键点是**“轻与重”**。这里的“轻”是指小米商业模式的探索始终围绕着高效、快速、极致与爆发展开。移动互联网与 PC 互联网是两个时代，移动互联网的神韵是万物互联、万物感应，方向是万物同频、万物智能。小米深谙此道，在进行全新商业模式的探索中，小米始终将效率放在第一位，对新零售的探索就是一个典型的例证：小米的平效做到了 27 万元，仅次于苹果公司。我们再来看小米 2019 年的财报：小米人均创收数据为 1100 万元，人均创收超过了华为（400 万元），并且接近苹果公司（1300 万元）。虽然行业与业务都存在差异，但这一点还是说明了小米对“轻”情有独钟。当然，小米“轻”的背后也有“重”，这种“重”是指小米不断加大研发投入。2019 年，小米研发投入达到 75 亿元，已连续 3 年保持 30% 以上的增长速度；2020 年小米继续加大研发投入，预计达到 100 亿元；在未来 5 年，小米将至少投入 500 亿元用于研发投入，追求在智能生活领域的绝对领导地位。

战略实施（战略节奏）的关键点是**“快与慢”**。这里的“快”是指小米的战略实施与节奏非常快，具体表现为学习快、动作快、调整快。小米的“快”还体现在员工的年龄结构上。干部的平均年龄在 38.5 岁左右，员工的年轻化，让小米充满着激情与活力，也是对“快”的诠释。在当下万物互联的大时代，面对庞大的中国市场和技术迭代的快节奏，小米保持了极强的洞察力与市场观察力，以最快的速度探索了一个又一个的商业模式，拉起了多条战略曲线。

回顾小米 10 年的发展，可谓动作频频，创意不断。这一系列令人眼花缭乱的动作及对新业务的探索，说明了小米在商业模式探索中的“快”。当然，小米在“快”的同时也有“慢”的迹象，特别是在具体业务推进的操作层面，有时小米也会放慢脚步。例如，新零售模式在向三四五级城市市场下沉时，遇到了一系列的阻力，小米就放慢了脚步，认为线下的推进有一个自然的过程，过度追求“快”也有隐性成本。快慢的周期性与有效性的切换，也是小米未来需要逐步探索的自身成长的关键。

前言

小米，从行业新军到领航者

小米是一家充满传奇的企业。它只有 10 岁，却是最年轻的世界 500 强企业之一，拥有覆盖硬件、智能家居、生活耗材的产品链，也拥有世界上独一无二、能量巨大的粉丝群体。

小米的成长之路，称得上传奇。

2010 年 4 月，小米在北京成立。2011 年 8 月，小米发布小米 1 手机，并成立小米社区。2013 年，小米估值达 100 亿美元。同年，小米发布小米 2 手机。2014 年，小米估值 450 亿美元。同年，小米在印度成立公司。2015 年 11 月，继进军南美市场后又进军非洲市场，小米不断扩展海外市场业务。2016 年 3 月，小米发布生态链品牌米家。2017 年，小米进军欧洲市场。

2018 年 3 月，小米在印度市场的份额高达 31%。2018 年 5 月，小米正式向港交所提交招股书，7 月 9 日，正式在港交所主板上市，股票代码 1810，成为港交所第一只同股不同权的股票，也对 BAT（中国互联网公司百度公司、阿里巴巴集团、腾讯公司首字母缩写）三足鼎立格局发起冲击。当时小米的估值就已经达到 543 亿美元。2018 年，小米营业收入超 1700 亿元。2019 年，作为成立不到 10 年的公司，小米的成功有目共睹，创造了全球商业史上的很多奇迹，书写了自己光辉的一页。

当然，小米也遭遇了挫折与打击。性价比极高的手机加上互联网营销的方式使小米的营业收入增长极快，但是好景不长。2015—2016 年，小米经历了低谷期。2015 年、2016 年小米净利润分别为 −76.27 亿元、4.92 亿元。小米发展遭遇困境。

小米是一家值得研究的企业，很多人想通过研究学习小米，看看它究竟为什么这么“牛”。小米在营销方面独步天下，具有其独特的发展历程和模式，因此大多数人通常选择营销作为研究小米的切入点。随着对小米的深入探索，我们发现小米的确有无穷的宝藏。在这 10 年中，小米拉起了一条又一条的业务战略曲线，从打造粉丝模式、布局生态链，到布局新零售，都卓有成效，成为成立时间最短的世界 500 强企业之一；小米在智能家居、物联网的布局也逐步成形。这些内容吸引我们深入挖掘小米的成功秘诀，迫切地想要探寻其背后的逻辑。

经过对小米的研究，我们把小米战略成长分为三个阶段。

第一阶段，小米主要借助“互联网风口+硬件+软件”的模式，形成以社区平台为主的商业结构。当时的手机市场是合约型手机的天下，真正的智能手机并没有完全地占领手机市场，专注于研发智能手机的小米则看准了这个有利时机，顺势而为，在广阔的初期智能手机开发市场中赢得先机。当时小米以低价格、高性价比吸引顾客购买，采用互联网销售的方式减少成本，通过饥饿营销等方式建立品牌忠诚度，通过 MIUI（手机操作系统）将用户转化为自己的粉丝。小米借助此模式培养和积累了广阔的消费群体，获得了利润和发展动力，又为后期自身良好的发展打下了基础。

第二阶段，小米采用“互联网模式+生态链运营+新品牌营销”的商业模式，取得了巨大的成功。我们通过小米官方公布的数据发现，其手机销量从 2011 年的 30 万台增长至 2014 年的 6112 万台，增长了近 203 倍！高速的增长离不开小米成功的营销模式：超高性价比吸引了顾客，有效的用户互动也留住了顾客。最有效的是互联网营销的方式缩短了供应链，降低了成本，粉丝战略的实现和粉丝群体的建设极大地促进了小米品牌的建设。

第三阶段是 2017 年至今，小米采用“硬件+互联网服务+新零售”重新组合发展的新商业模式崛起。2016 年，小米在手机市场上遭遇了滑铁卢。“穷则变，变则通，通则久”。在经历了滑铁卢之后，小米对其“铁人三项”的商业模式进行了升级，由原来的“互联网＋软件＋硬件”三个板块升级为“硬件＋互联网服务＋新零售”。2017 年第四季度，全球手机市场出货量整体下滑 6.3%，而小米却逆势上扬，手机出货量同比增长率达 96.9%，其全年营收破千亿元，是全球营收破千亿元最快的科技类公司。其中最主要的一个原因就是小米新零售模式的开启。正如雷军所言，在众多手机制造商中，小米是唯一一家经历过销量暴跌之后还能重新站起来的手机制造商。

在新零售时代的背景下，小米大力开发线下体验店，扩展线下销售渠道，全渠道铺设其销售网，成功实现了线上线下联动，这对小米的逆转起到了极大的推动作用。与此同时，小米的国际业务暴涨，目前已经进入了 90 多个国家和地区，在印度、俄罗斯、巴西等国都开展了手机销售业务。尤其在印度，从 2017 年第三季度开始，其市场份额一直名列前茅。

市场环境风云变幻，行业风向标也一直在变。为了适应市场环境的复杂性，小米灵活变通，没有固守着一个商业模式啃老本，从不故步自封，而是经历低谷反省自身，改变商业模式，适应市场环境。在这 10 年中，小米战略与商业模式几经变化，但有一点没有改变，那就是对粉丝的情感。小米一直坚守着一颗虔诚的匠人之心，一直奉行用户需求至上的宗旨，并将生产设计出用户满意的产品作为自己执着的信念。

随着研究的不断深入，我们对小米的态度从好奇到惊叹，从惊叹到敬佩。让我们印象深刻的，不仅是小米以粉丝为中心的企业基因和文化，还有高远的战略意图、执着的战略定力与不断升级的战略节奏，更有小米核心决策团队勇于进取、勇于打破舒适圈的企业家精神。

雷军曾经在自己的腾讯微博（腾讯微博于 2020 年 9 月 28 日停止运营服务）上诠释“小米”这个名字背后的故事：“小米创业阶段就是小米加步枪，小米要发扬艰苦奋斗的精神，靠这种精神扬帆起航，征战世界。”可见，小米在创设之初是处于一种人力、物力都相对紧缺的状态之中。从零起步到引爆市场，从默默无闻到名满天下，从行业新兵到世界 500 强，小米可以算作互联网时代下企业成长的标杆，小米的成功对于今天企业的发展具有独特的意义和价值。我们对小米的发展历程进行简单的梳理、加工、总结和思考，希望我们的解读能给同行及每一位对小米模式感兴趣的朋友启发与借鉴。

战略 1.0

洞察风口，铸就粉丝第一驱动力

从 2010 年小米成立起，小米独创的营销模式一次又一次突破了人们的想象，带给人们惊喜。的确，与传统公司相比，小米开创了营销方法的新天地。雷军提出的“风口论”“七字诀”等营销理念可以说具有超越时代的意义，开创了全新的营销模式。毫无疑问，小米对移动互联网新时代的风口具有独特的洞察力。雷军及其核心团队对当时的整体市场体系与结构的认识是超级敏锐的，对手机产品与技术的理解是深入骨髓的，对客户、用户与粉丝体系的理解是跨越时空的。这创造了小米第一周期的营销高峰，表现为小米在营销策略组合上的色彩缤纷，让人感到眼花缭乱。营销只是企业战略的外在表现，这背后的关键是其战略意图与定力，战略模式的探索、设计与布局，更应该引发我们的深度思考。

目前，小米已经成功地打开国际市场，并成功上市，跨入了一个新的发展阶段。这不禁让我们思考，小米一系列令人眼花缭乱的营销手段的背后隐藏着怎样的战略逻辑？如果小米的营销是战略指引，那么小米前期战略的基本思考点有哪些？小米又如何借助战略性营销这一武器席卷中国智能手机市场，并向国际市场迈进？我们不应该仅仅看到小米表面的营销策略组合，更应该摸清小米战略形成之前的营销思路及战略形成之后的营销演绎。这样才能掌握其高速成长的密码与规律、传承与创新方法，创造属于自己公司的战略与营销模式。我们希望通过本部分的分析，带给大家关于小米战略第一阶段的思考和启示。

小米营销是中国企业营销模式升级的代表。传统企业营销注重有形资源的建设，在产品、渠道、广告投放上投入大量资源。过去一家企业如果不具备这些有形资源，就很难发展壮大。而小米在互联网思维的指引下，超越了传统营销思维与模式，利用互联网的超时空联结、高效率低成本特点，与用户直接对话和互动，通过各种策略形成“米粉群体”，通过运营互联网社群，建立了企业和用户超链接方式，形成了独特的小米模式，创造了传统企业无法企及的商业成就。

我们对小米模式展开分析，系统性解读小米的营销策略，目的是看小米究竟是如何在短短几年内，通过洞察新时代风口，寻找粉丝、开发粉丝与经营粉丝，最终将粉丝体系打造成第一战略营销的驱动力的。

第 1 章

手机切入短、平、快

如果我们从智能手机的发展史来研究小米，一定会对其为何能在早期就迅速打开市场，持续放量产生兴趣。我们经过综合分析，发现小米早期切入市场的独门秘籍就是短、平、快。短是指在产品的选择上收缩最短的产品线，洞察潜在爆品，锁定高品质单品，聚焦战略大单品；平是指走平价路线，营造高性价比优势，贴近成本价销售，将性价比做到极致；快是指找到对细分技术痴迷的技术发烧友，通过持续互动与交流，不断挖掘与满足其深度的兴趣与爱好。从核心粉丝的“星星之火”，到借助互联网方式万倍燎原，逐渐发育、培养与连锁扩张粉丝体系。通过粉丝快速裂变，营造出强大的市场影响力与传播力，最终形成阶段性的市场爆增势能，奠定小米开局的基础与地位。

短：聚焦战略大单品

移动互联网的发展使得消费者的各种习惯发生了改变。触媒习惯、社交习惯、购物习惯等都随着移动互联网的进步而不断变化、升级，很多企业随之不断改变。其中，小米是一种独特的形态，他们提出并应用一系列以移动互联网为基础的营销策略。小米大单品（超级产品）就是其中的一个重要策略。

在大单品战略方面，小米的对标企业是苹果公司。苹果公司是工业设计的风向标，在设计方面一直走在创新的前沿。Home 键一度被认为是苹果公司领先的扁平化设计理念的象征，然而在 2016 年苹果公司发布的产品中，苹果手机却放弃了 Home 键，增加了手势控制，这使得手机操作更加便捷。在苹果公司之前，没有企业敢在做产品时只做一个方案，沿着一个既定思路方向迭代一个产品，苹果公司却通过这种方式获得了成功，实现全球产品巨大销量，打造出成功的爆品。

雷军效仿乔布斯当年“在产品链做减法”的策略，整合公司内外全部资源，聚焦一种或几种产品，志在打造出一款能够打遍天下的超级单品，即采取“大单品策略”。如今小米成功地推出了一系列爆款产品，它们几乎在很短的时间内被一抢而空。这种现象级产品出现的原因，值得我们深入研究和思考。

在移动互联网时代，技术变得标准化、简单化，手机本身固然重要，但是手机带来的价值更为重要。当消费者接受的信息开始趋同，他们便开始不再思考产品的差异性，也不再介意和别人使用一样的东西。这种现象就促成了现象级爆款。雷军说过，在风口上，猪都能飞起来。小米正是把握住了这样的机遇，选择站在了风口。

这种思路也一直延续到小米后来的生态链建设中。小米商城依托小米公司产品系和小米生态链产品系的天然优势，上线的每一件产品都经过了仔细打磨，以小米手机为产品主线路，覆盖各类配件产品及周边饰品，打造了一个爆品电商平台。由生态链企业供货的智能家居、生活用品等也都符合小米风格，整体形成了简约、高质感、高性价比的产品特色。

平：将性价比进行到底

这里的平主要是指产品的价格要亲民，性价比要高。小米在手机的设计和生产上绝对称得上业界良心，使用的都是同等价位最好的材料和零件，UI 设计方面也颇具特色，吸引了很多技术发烧友的关注，由此积累了小米的第一批粉丝，他们也是小米的核心粉丝。

小米在创业初期恰逢中国智能手机市场发展浪潮兴起，市场出现巨大空白，这就是雷军经常说的风口。小米把市场目标定位为年轻、新潮的科技玩家，以及中等收入但不追求品牌的人群，其中高校大学生是小米的主力消费人群之一。这些人习惯通过网络获取信息，喜欢网络购物，也易于接受新鲜事物，同时对手机价格较为敏感。针对这个消费群体的特点，小米制定了精准的市场策略，旨在吸引这个庞大的消费群体。以小米手机为例，高通骁龙芯片，双核 1.5GHz、Adreno 220 图形处理器、1GB 内存、800 万像素摄像头，很高的产品配置，售价 1999 元，立即引发市场轰动。小米通过走大众产品高品质定位路线，直接满足了目标市场群体的消费需求，取得了企业创建初期市场战役的胜利。

在降低产品价格方面，小米降低了中间环节的成本，由企业直接接触消费者。在初始阶段，小米不靠销售手机来挣钱，而是靠通过手机积累的粉丝、靠后期的互联网增值赢利。当时，雷军反复向媒体和粉丝强调："小米不是手机公司，而是互联网公司。"很多人对这句话不以为然，觉得小米这是"挂羊头卖狗肉"。是啊，小米当年绝大部分营业额都是靠着手机拼下来的，为什么要说自己是互联网公司呢？当小米之家、新零售、小米生态链逐渐在我们眼前铺展开来，并开始大放异彩之时，我们才理解了这句话。雷军的高瞻远瞩也为小米的高速发展奠定了坚实的基础。

雷军曾公开表示，小米坚持硬件综合净利润率永远不会超过 5%，如有超出部分，将全部返还给用户。纵观中国所有的企业，几乎可以说，小米是唯一一家拥有这样魄力的企业，这也正是小米的伟大和令人钦佩之处。正如雷军所说，小米让高质量的手机卖到了 800 元、1800 元，这就像一条鲇鱼，搅动了中国原有的市场结构，引爆了市场，也点燃了消费者的激情。这样的结果有助于行业的崛起，也使重塑中国制造成为可能。

经过归纳和思考，我们认为，为了实现高性价比，小米在整个过程中采用了以下四种策略。

策略一：满足 80% 用户的 80% 需求，把所有的资源和精力集中到用户的刚需上来。毫无疑问，用户的需求是多元化、个性化的，每个用户都有自己想要的功能，从整个消费群体的角度出发，痛点有成千上万个。但当我们用这种策略去评判、去筛选时，我们就会发现，用户的核心需求比较集中，一切就变得简单了，也变得聚焦了。

策略二：减少中间渠道的费用。建立小米商城，采用网站直销模式，提高效率，降低成本。

策略三：降低利润率。在初期阶段，小米不追求利润率，甚至主动降低了自己的利润率。对此，很多跟小米合作过的企业都有感触，罗振宇在跨年演讲中也公开提到，在跟小米的合作中，小米产品的利润非常低。在这样的策略下，就有越来越多的企业愿意跟小米合作。

策略四：“大单品”策略。小米摒弃采用“机海战略”，坚持有重点地打造高质量的产品，而不是“贪多嚼不烂”。这样，小米会进一步降低生产成本，实现良性循环。

回顾过去10年，小米取得的成绩是了不起的。小米手机打了一个开门红，用过硬的质量和接近成本的价格，几乎击垮了所有的山寨市场。小米手机的综合质量与山寨手机相比有天壤之别，而价格更让人意外与心动。

但是，在追求性价比的过程中，小米也并不是一帆风顺的。

由于小米产品利润太低，没有销售渠道愿意卖小米的产品。小米联合创始人刘德曾说，凡客诚品与小米的合作宣告失败，原因在于凡客诚品觉得小米手机的毛利太低。当时凡客诚品急于上市，如果接下小米的单子，就会在很大程度上影响业绩。“求人不如求自己”，小米最终选择了自建电商平台。尽管万事开头难，但是凭借雷军对互联网风口机会的战略洞察，小米终于探索出了一条属于自己的道路。利用小米商城，去除销售中间环节，省去费用，小米最终也获得了应有的收益。

快：粉丝翅膀，扇动风暴

以最低的成本，做最快的营销，获取最大的流量，你能想象吗？你敢想象吗？一只蝴蝶在巴西亚马孙雨林中轻拍了几下翅膀，就可能导致一个月后美国得克萨斯州的一场龙卷风，这就是美国麻省理工学院气象学家爱德华·洛伦兹（Edward N.Lorenz）提出的“蝴蝶效应”。雷军就是凭借着对移动互联网新浪潮的商业洞察力与产品预见力，窥探到了能扇动移动互联网庞大市场的蝴蝶翅膀——粉丝。粉丝借助互联网的非线性、连锁性指数放大，终于撬动与引爆了智能手机的亿万市场。

早在小米布局 MIUI 时，雷军就对黎万强说：“你能不能不花一分钱，就做到让 MIUI 有 100 万个用户？”在小米手机发布之前，雷军又对黎万强提出了“不花一分钱打开手机市场”的要求。硬件的营销比软件更难，然而小米还是做到了，用最低的成本、最快的方式做成了当时的最大营销。

谈到小米最初的营销策略，就不得不提到技术发烧友。小米最初的粉丝大多数是技术发烧友，这些人对于小米产品的忠诚度很高，在小米发展的初期给予了小米大力的支持。当时绝大多数手机的市场定位主要是面向普通用户，手机的功能主要是针对用户的使用体验而设计的。数量庞大的热衷于玩机、刷机的技术发烧友，市场上却没有一款真正适合他们的手机。小米公司正是意识到了这一点，打造了一款满足技术发烧友的手机。

在卖方市场，企业的优势显而易见，既不用了解消费者想什么，又不用过分关注消费者的感受，只要生产好自己的产品，消费者就会购买。而在以消费者为主导的买方市场，产品极大丰富，竞争异常激烈，渠道为王，决胜终端，企业仅仅通过产品放量、打折促销等方式吸引消费者开始不见成效，可谓“好酒也怕巷子深”。在以移动互联网为主的时代，整个市场生态正在发生周期性的变化：信息从不对称转变为对称，传播速度暴增，影响范围空前。互联网信息是去中心化的传播，每个普通人都是信息节点。小米清晰地洞察到直接联结客户将成为新战略的起点与出发点，通过逐渐建立起来的粉丝经营方式与组织方式，动员全员参与，和粉丝或者用户进行高效、高频次的兴趣爱好的情感共振，建立牢固的真诚朋友关系。小米通过粉丝战略，突破了过往时代的时空阻隔，通过“互联网 + 社区”和消费者直接对话，打造小米独特的粉丝文化，重构现代企业与现代消费者全新的商业关系，改写了商业世界的江湖规则。

粉丝是小米营销战略最好的支持者和执行者，在品牌营销中扮演着多重身份：他们是信息传递者，大量关于小米的热点信息可以通过粉丝向外传递；他们是小米制造热点信息、吸引公众关注的有力帮手，他们向外传播信息的途径主要是网上论坛等；他们更是产品测试者，小米让粉丝测试新产品，参与产品研发、反馈，让他们试用未发布的开发版，甚至参与绝密产品的开发。小米的这些营销战略不仅为尽快反映产品问题提供了渠道，更是给予了粉丝极大的荣誉感和认同感，让他们能够投入更大的激情参与到产品的发展和升级中来。

综上所述，小米早期的创业成功，凭借的是雷军及其核心团队对产业与市场整体发展趋势的预见力、洞察力与透视力。这种洞察力仅仅靠有经验的行业资深人士的调研或许还不够，可能还需要一种独特的直觉，需要在这种直觉前提下做出一种勇敢、大胆与非凡的抉择，制定战略决策。小米的核心团队中，有独特技术与产品洞察力的高手，也有市场与行业洞察力的高手，更有对互联网有独特直觉的高手，但能够融合多维度、宏观视野的顶级高手还是雷军。他对市场大格局的洞察是犀利的，对行业大机会的把控是卓越的。小米的短、平、快策略，恰恰反映了雷军对风口机会的洞察力与掌控力。

总结：爆发与孕育

爆发是小米手机早期进入市场的主旋律。小米手机从2011年8月发售开始，到2012年销量一路呈爆发式增长，创造了智能手机销售的奇迹，2012年小米手机出货量为719万台，2013年出货量则为1870万台。小米手机之所以能够爆发，是因为其找到了时代与市场的风口，采取了独特的短、平、快模式。这种爆发的源头来自“天时、地利与人和”。我们从中可以感觉到中国互联网的时代力量，一种有价值产品被渴望的力量，以及中国新生代消费者体验参与感与价值感的力量。

爆发源于“天时”。小米手机的推出恰逢移动互联网兴起之时，小米窥探到了可以通过互联网高效率、大规模联结粉丝的先机，洞察到粉丝潜在的痛点与诉求，可以高效地建立与磨合逐渐放大的供应链系统。

爆发源于“地利”。小米手机从设计、用材、工艺、品质到定价、外观及应用，参照了苹果手机与三星手机的核心功能与应用，并将价格压低，通过强有力的宣传和引导，激发了中低端大量用户对产品的欲望与需求。

爆发源于“人和”。人和是外部与内部共同起作用的结果——外部是指借助移动互联网的力量，高效率地开发、维系与引导庞大的粉丝群体；内部是指小米核心团队团结一心、同舟共济、持续奋斗，发挥了企业家的奋斗精神，终于探索到了市场爆发的战略性风口。

三种力量的叠加与交织，最终造就了小米销量的爆发式增长。

爆发是表面的、短期的与偶然的，孕育才是内在的、长期的与必然的。孕育是产生爆发的根源，爆发的短、平、快背后一定隐藏着长、高、慢，灵活多变的极、致、快，这些特点均体现出小米非凡的策略创变力，而孕育这种创变力的基因则是雷军在创业之前所孕育的朴实、平凡与专注的战略定力。孕育包括了梦想孕育、经验孕育与团队孕育三个方面。

梦想孕育是指雷军在武汉大学读书时，读过一本讲述乔布斯等美国互联网企业家的创业经历的书——《硅谷之火》。雷军读罢此书，热血沸腾。从那一刻起，他心里就有了一个梦想：要像乔布斯那样，建立一家伟大的公司！从此，这把“硅谷之火”就让雷军心里燃起了创业的熊熊之火，也点燃了奋斗、探索、追求之火。

经验孕育是指雷军在创立小米之前，具有 16 年的互联网企业经营与技术的综合经验与经历，其中还交织着超过 10 年的投资经历，尤其是雷军作为金山的总经理最终将金山艰难推动上市的经验积淀。雷军的敢冒险、善探索、懂技术、肯钻研等一系列特质，是在多年的行业摔打、市场磨炼与竞争打击中慢慢形成的。雷军在企业经营与投资两个维度的经验沉淀，孕育了小米高效率与轻模式的基因与经营风格。

团队孕育则是指小米创业团队是当时难得的精英团队。小米核心团队成员几乎全部具有技术背景或技术管理背景。在小米看清商业模式之后，创业团队的选择就显得至关重要：雷军几乎用了一年多的时间反复估量与选择，终于选到了与小米价值观相同、文化相近与思维基本一致的创业团队。实践证明，这支具有远大抱负，并身怀绝技的创业团队，做出了一件惊天动地的大事，它创造了智能手机的中国爆发。

第 2 章

粉丝基因战略驱动

智能手机市场厂商众多，硝烟弥漫，竞争异常激烈：苹果凭借品牌优势、产品优势牢牢占据销量领先位置，联想在渠道上曾经积累深厚，华为在早期明显依托其核心硬件优势步步为营，OPPO、vivo 在早期则基于下沉渠道持续深耕。小米在创业早期阶段，在产品与渠道上均无优势，而线下渠道拓展费时、费力、费资金，显然也不是小米想要采取的主要销售方式。如何才能以较低的成本撬动手机市场？唯一的机会就是线上。小米的决策层敏锐地观察到了这一风口，另辟蹊径，通过网络创造探索出了独特的粉丝模式，并给粉丝这一看似战术层面的营销策略赋予了其全新的战略基因与使命，开辟了"米粉经济学"，演绎了独特的"小米粉丝基因战略"，在实践中创造了惊人的业绩。小米感动了粉丝，粉丝成就了小米，小米公司和小米粉丝共同创造了商业传奇。

星星之火，万倍燎原

早期小米营销预算较低，负责人黎万强注册了上百个账户，在 Android 论坛里灌水发广告，最终找到 100 名对手机应用有偏好的技术发烧友，这些人是小米粉丝的创始成员，也是后来 MIUI 测试的主要参与者。这些超级用户点燃了小米的粉丝模式，通过口口相传，从这 100 名发烧友最终发展到了 100 万名发烧友。小米曾经发布一部特别感谢那 100 名铁杆粉丝的微电影《100 个梦想的赞助商》，把他们的 ID 投放到影片中，很多人为此泪流满面。兴趣与爱好是每个人内心深处的情感动力之源，手机软件应用爱好者往往是一群年轻的技术发烧友，他们的价值体现在手机软件应用的创新与创造上。小米通过这一关键支点逐渐建立起了小米粉丝阶层的坚实群众基础。

小米成功之处在于，不仅较早地发现了粉丝风口的低成本战略价值，而且小心翼翼地把握住了粉丝战略节奏与进程。小米手机的第一次发布会在 2011 年 8 月 16 日，此时 MIUI 已经发布了一年，该系统已经拥有超过 50 万名发烧友。当时小米高层曾讨论是否马上发布面向大众的手机版本，但高层经过思考后，坚决统一战略共识：把发烧友深耕到 100 万名后，再推出面向大众的手机版本。这一战略举措虽然影响了短期的销量，但为后来小米的良好发展打下了一个坚实的基础。

金字塔形的粉丝结构

小米采取全线上售卖的方式，以惊人的效率组建渠道，通过互联网低成本销售产品，依靠活动拉近消费者情感，打造社群建立消费者联结，把小米粉丝战略作为企业营销战略的重要支柱。“无米粉，不小米”是小米公司一直以来的口号和信仰，“让每一位用户都成为小米一辈子的朋友”是小米一直以来坚持的宗旨。通过线上（小米社区、新媒体、小米商城）与线下（小米之家、小米家宴、米粉节）活动相结合的方式，不惜投入大量时间和人力成本，为用户打造独特的体验感和参与感，形成强大的粉丝群体。

随着小米产品销量的增加，粉丝的数量也不断增加，但这些粉丝对于小米的喜爱和忠诚程度也因人而异。所以，小米为了满足米粉不同的需求，把数量庞大的粉丝分为不同层级，这无疑是小米在用户管理方面的一个创举。初级粉丝占大多数，铁杆、核心粉丝占一小部分，这就形成了一个金字塔形的粉丝层级结构，越资深的粉丝，所处的层级就越高，能去参加小米家宴的，都是资深米粉。在管理不同层级粉丝时，小米采用了不同的粉丝策略，使不同层级的粉丝的需求得以满足，从而有效维系了粉丝集体的凝聚力和流动性。越来越多的初级粉丝希望成长为核心粉丝，以获得小米公司更多的福利优惠和关注。

小米的金字塔形粉丝结构是如何运行的？不同的层级又有哪些区别？我们将为您一一道来。

基础粉丝群体：志趣锁定

小米最早的粉丝是从技术发烧友发展起来的，如今小米的用户数量已经远远超过了当初的想象。小米有着广泛的粉丝基础，这些人里面既有很狂热的，也有很冷静的。有很多小米的粉丝并没有参加过小米组织的任何形式的粉丝回馈活动，只是在使用小米的产品，但他们是小米海量数据的来源。

打造米粉节

小米公司成立于 2010 年 4 月 6 日。为了感谢米粉一路以来对小米公司的支持与陪伴，小米每年都会在这一天举办粉丝的盛大狂欢，进行对米粉的答谢活动，回馈粉丝。

在米粉节活动举办前，小米通过社交媒体有节奏地释放米粉节开幕及让利等信息，在米粉节期间举办包括同城会庆生、互动游戏在内的各种趣味活动，充分告知广大米粉，为活动造势宣传，从而达到预热效果。传播平台继续发扬小米注重社交媒体的优势，不断扩大米粉节的影响范围。在米粉节中，小米提倡开放式购买，降低小米产品的购买门槛，以便进一步吸引用户和粉丝。此外，在米粉节中，电商作用充分显现，形成了具有小米特色的电商体系和物流体系。

米粉节成功的主要原因在于小米粉丝的无穷力量及小米出色的品牌优势的转化。具体体现在米粉节打通线上与线下两个环节，这两个环节将线下的米粉流量充分转移到了线上平台，尽最大可能地实现米粉整合与凝聚。此项举措不仅增强了米粉的凝聚力与向心力，而且有助于打通其他可利用的资源。

技术发烧友及校园俱乐部

前文我们谈到了小米最早的粉丝是技术发烧友。技术发烧友是非常熟悉与爱好手机的消费者。首先，他们往往具备极强的技术储备知识，使用过很多种手机，对各种手机的数据资料了如指掌，亦会研究手机的各项功能，并充分发挥手机的用途，有的甚至会通过自己对手机的了解，组装符合自己要求的手机。其次，他们的参与性比较强，通常会花费大量时间浏览各专业手机网站、论坛及贴吧，互相交流信息，或基于对某一款手机及其功能的热爱，而组成相应的小组。可以看出，这类用户是小米产品的忠实粉丝，他们热爱小米文化，热衷于购买小米旗下各类产品，积极参与小米产品发布会、米粉活动及新品体验。他们对于小米有着强烈的热情，是小米粉丝群里的中流砥柱。

在技术发烧友群体中，有一个大学生专属团体，叫MIUI 校园俱乐部。MIUI 校园俱乐部成立于 2014 年，诞生于各大高校，主要负责产品体验、小米品牌建设，并定期组织线上、线下活动。可以说，校园俱乐部是小米延伸到年轻人群体中的一个触角，小米希望通过这种方式来培养新米粉，为小米注入新鲜血液。作为奖励，校园俱乐部的负责人会有丰厚的回报。小米会为其颁发专属校园俱乐部长用户组身份和专属勋章，表现优异者可获得到小米公司实习及工作的机会，并优先获得小米热销产品的“F码”特权，拥有小米新品优先体验权，以及优先参与小米公司发布会、小米家宴等大型活动。对于小米粉丝而言，这些奖励无疑有着巨大的吸引力。

同城会

同城会是线上小米手机用户在线下的交流活动，规模通常在 50 人左右。每个同城会都在小米论坛上有一个独立板块，小米会对论坛上的粉丝活动发起贴进行审核，若活动主题符合要求，则会用小米手环、手机壳等周边产品予以支持。同城会会长通常由资深粉丝担任，当期同城会活动结束后，会长要在论坛上发布活动总结贴，将活动情况反馈给小米。

截至 2019 年 7 月，同城会已覆盖全国，加上海外地区的马来西亚和新加坡，已达 279 个，平均每周会有几十场同城会活动。粉丝参加同城会活动可以互相传授、学习小米的软硬件知识和玩机技巧，体验小米公司最新产品，认识一些志趣相投的朋友，以及获得免费礼品等。

小米家宴

为了体现对米粉的重视，小米每一年都会邀请米粉参与小米家宴，让他们有回家的感觉。受邀参加小米家宴的米粉不仅能享受到机票、酒店全额报销的待遇，还能在家宴上近距离接触小米的重要人物。

小米家宴可谓是小米与粉丝互动活动的重头戏。通过小米高层与米粉、米粉与米粉之间的交流，小米生态链产品的介绍，以及开设小家宴分会场的形式，拉近了小米与粉丝之间的距离，使米粉更有归属感，与此同时也展示了小米对粉丝的重视。

案例

2019 年小米家宴

2019 年小米家宴传承中国特色的新年民俗文化，为米粉们准备了热闹、新奇、有趣的科技集市。出摊商户有：米物外设中心、1MORE 音乐坊、绿米智能屋、谷小酒酒馆、纯米厨房、完美定制屋、FREETIE 智能运动、云米智能家电。米粉现场凭特产兑换粮票，可在集市畅玩及兑换精美好礼。

表 2-1 是小米粉丝管理策略总结，供大家参考。

表 2-1　小米粉丝管理策略总结

具体策略	特点	功能 / 作用	具体形式
小米论坛	核心铁粉集中，方便粉丝交流 品牌与用户互动广泛 社区内容及时调整，推陈出新提高黏性 线上线下开展活动，现实虚拟增强愉悦	绑定粉丝 提供米粉间相互认识的机会 提供粉丝与品牌对话平台 联结米粉线上与线下活动 反馈问题 沉淀用户	
微博	受众广，用户多 一对多 互动性强	做事件的传播及新客户的吸引	微博转发抽奖 微博转发折扣
微信公众号	社交属性强 受众广，用户多 定制性强	发布信息 客服平台	后台留言 微信推送 转发福利
QQ 空间	使用群体普遍年轻化 在三四线城市应用较广 一对多	事件的传播、吸引新客户 在三四线城市营销活动中起到关键作用	促销活动

（续表）

具体策略	特点	功能 / 作用	具体形式
小米商城	功能清晰 参与感好，购物体验顺畅 客服服务好	线上零售中心 开展线上促销活动 产品评价 产品反馈 米粉聚集处	酷玩帮、橙色跑和同城会
米粉节	受众广，规模大 对应粉丝层次较低，初级米粉零门槛 促销形式多样 有新品在活动中推出	促销活动（线上线下结合） 粉丝聚会 新闻发布会 最大程度上给予每个想要参与米粉节的粉丝福利和关注	线上促销活动 线下促销活动 产品发布会（新品首发）
校园俱乐部、技术发烧友活动	规模较小 成员多为高级米粉 成员因兴趣相聚 多以校园、地域为依托成立组织	各地区同城会、俱乐部的后备力量 提高粉丝忠诚度	有机会到小米公司参观 优先获得小米热销产品的 F 码特权 表现优异者优先参与小米公司线下爆米花、发布会、米粉节等一切大型活动

（续表）

具体策略	特点	功能 / 作用	具体形式
同城会	分布较广，上百座城市都有同城会 规模较俱乐部更大 经人介绍或者通过论坛等渠道加入 部分一线城市自发组织 小米总部指导各同城会的活动形式和主题，给予部分活动经费 成员大部分为较为资深的粉丝，忠诚度较高 良性生态循环，以老带新的机制比较成熟	提高粉丝忠诚度 发展资深米粉 为品牌和用户的交流提供平台 让资深粉丝能够认识更多粉丝 满足了很多资深粉丝的高阶需求	周年庆典（聚餐、交流、游戏） 特邀茶话会 新老会员、组织领导交接 会员交谈 各类形式的团建 特邀茶话会 集体出游
小米家宴	一年一度 在北京总部举行 雷军等公司高管出席 国宴级菜品 为参与的粉丝提供全程资助（往返、食宿） 开设百城小家宴分会场，全国米粉同享美味欢乐。由各地同城会协办 核心米粉 资历老、贡献大	牢牢抓住核心米粉的心，让他们获得参与感，感觉受到小米的重视	雷军亲自下厨、表演节目 抽奖、送礼品 年度总结

分层管理粉丝

小米商城的用户大多由米粉组成，怎样来管理此类用户？怎样去获取更多的用户？小米商城主要采用以下几种方式。

晒单评价系统

在小米商城有一个有趣的现象：很多用户在小米商城购买产品后，愿意主动进行用户评价，这并不完全是因为物质奖励（例如评价送自拍杆等），还因为可以有机会与小米的后端客服进行有趣的互动。用户评价后，小米的后台人员都会进行回复。回复的形式多种多样，可以是一首描述心情的诗，也可以是一句俏皮的话。形式多样的回复能够抓住年轻人的诉求，令用户感到有趣，并期待下一次与小米的对话。这种互动无疑增强了用户黏性，有面对面聊天的感觉，让用户对下一次购物体验充满期待，并大大加强了用户与小米商城之间的情感联系。

完备的用户服务系统

小米商城之所以能获得成功，主要归功于其完备的服务体系，其中包括自助服务：从售前到售后、从政策到价格、从家居产品安装到真品查询，并设有在线客服和热线，支持一周 7 天、一天 24 小时全天候服务，让米粉时时刻刻都能联系到小米的工作人员。在小米新零售全面布局之后，小米商城也不断和小米之家开展线上线下联动合作。

在用户权益方面，小米商城通过会员机制送福利、给用户送“米粒”，米粒积攒到一定程度后享有奖励、优先购买权等；在活动促销方面，小米商城依托用户体系开展米粉节等具有强烈情感属性的纪念日活动，想方设法为用户谋福利，让用户感到温暖。这样，小米商城通过一系列的用户服务手段，真正做到和用户做朋友，把米粉当作家人。

总结：联结与节奏

小米通过不同形式的社群组织和活动联结粉丝，打造了庞大的粉丝群体，创造了出乎意料的企业绩效。小米粉丝模式不是停留在推广层面的销售战术，而是小米企业战略整体布局中的一部分。小米从粉丝模式中发现了战略的种子，并将这一战略种子与探索模式、总结经验、培养团队形成联系，加大复制与连续扩张力度。在移动互联网的新时代，消费者与企业的平等关系得到诠释，在平等、高频的交互中产生了共鸣并强化了情感纽带。按照施炜教授的“三位一体”理论，小米将认知、交易与关系深化融为一体，移动互联网的早期演进为企业展现出了难得的风口，小米的成功在于，最早发现这一风口，并将公司战略聚焦这一机遇，逐渐将粉丝基因作为小米战略的第一发动机和第一驱动力。

小米以互联网为主要载体，以粉丝策略为核心，以全渠道为方式，打造“高效率、低成本”营销模式。通过梳理，我们认为，小米粉丝基因战略的核心就是两个字——联结。具体过程分为三部曲，分别是“轻联结、活联结、心联结”，通过联结实现粉丝的认知、沟通、交易、社群活动、深化关系和品牌传播，最终形成认知、交易与关系的良性循环。

第一阶段是轻联结，即小米通过米聊、MIUI 社区，达到触及、发展、维系用户的目的。自 2010 年上线以来，米聊就得到了小米的高度重视，小米也通过米聊积累了相当数量的用户。可以说，米聊是米粉早期聚集的平台。MIUI 社区是小米互联网的入口，联结所有硬件终端，融合用户与各应用程序，小米最早的 100 个发烧友就是来自 MIUI 社区。小米通过 MIUI 社区了解用户，用户通过 MIUI 社区参与小米的建设，逐步成为小米的铁杆粉丝。小米手机是小米商业布局的核心，小米通过高性价比的策略快速抢占市场和赢取用户口碑，把粉丝迅速变为手机用户，积累下企业高速成长的深厚基础。米聊、MIUI 社区是一种轻度沟通，却有着“短、平、快”的特性，正是这种方式在信息爆炸时代奠定了小米手机的诞生，实现了小米与用户的沟通。因此我们不难看出，在小米的初期阶段，小米通过“米聊 +MIUI 社区 + 小米手机”的组合拳在小米和用户之间建立了联结。

第二阶段是活联结。活联结通过灵活多变的活动、活跃客户、保持客户活性等方式进行体现。比如，举办米粉节激活用户。米粉节的成功，充分体现了粉丝力量的强大，以及小米品牌势能的释放。同时，小米通过举办多种形式的社群活动，如技术发烧友、校园俱乐部等，聚合大量的小米粉丝和产品爱好者，这些社群至今仍然是发展、汇聚小米粉丝的主要力量。小米同城会通过加强社交方式，集中特定区域粉丝，进一步培养资深粉丝，同时裂变出更多的粉丝。由这一系列能够激活用户的活动，使用户与小米联结得更加紧密，也让用户、粉丝之间，找到了相互联结的渠道，以活动带动用户，让用户保持活性，最终产生流量，增强品牌忠诚，实现黏性联结，由此形成良性循环。

第三阶段是心联结，旨在有“预谋”、有组织、有计划地持续深化小米与用户的关系。这里的“预谋”特指真诚真心地给粉丝提供价值的智慧性的服务与关注。小米通过社群营销，甄选核心用户，通过多元化活动，加强与粉丝的联系，构建情感联结，加强对忠实粉丝的聚合。小米新品伴随着事件营销，传播了小米的品牌，建设了沟通渠道，加深了与粉丝的情感纽带；而小米家宴已成为小米为粉丝量身打造的年度盛宴，一举将粉丝建设推至高潮。这些活动塑造了小米文化，提升了粉丝的品牌荣誉感和归属感，不断将小米情结植入人心，最终实现了用户与品牌的情感联结。

小米通过环环相扣的方式，打造小米当期的增长奇迹，实现了企业阶段性的高速发展。互联网环境要求把消费者变为粉丝，需要企业家的时代自觉，需要企业高层具有跨越时代的战略意识。小米通过核心超级粉丝引爆中间铁杆粉丝，中间铁杆粉丝引爆外围大众粉丝，销售了数以千万部的手机。当很多品牌还在为获取消费者绞尽脑汁时，小米已经在与粉丝通过活动、参与创造的情感纽带中，在文化引领粉丝认同的精神共振中，创造出一个个令市场震撼的营销壮举。

第3章

互联网风口营销助力

随着苹果推出智能手机，移动互联网时代开启了，标志着一个全新世界的来临。幸运的是，雷军在早期就意识到了大机会的来临，嗅到了新世界的原住民就是年轻的一代，即“95 后”“00 后”。如何才能将亚马孙雨林中蝴蝶扇动的翅膀（粉丝基因）转化成影响得克萨斯州的风暴（销量剧增）呢？这需要对移动互联网的新世界有战略敏感与自觉，雷军就是这种时代的觉悟者，他的战略意图非常清晰，就是找到时代切换的风口，聚焦风口，借助于风口。这样才能保证实现高效率的持续增长，所以高效率始终是小米战略设计与实施的主线，高效率是小米战略决策的核心指导思想。前期的小米为了追求高效率，唯一的选择就是借助互联网的阶段性风口，逐渐探索一条符合小米自身的战略营销之路。小米在手机切入短、平、快与粉丝模式的探索中，进行线上整体布局，并采取一系列创新性的营销策略组合与推广。如果粉丝体系是小米前期战略的主要发动机的话，那么基于互联网风口的营销策略组合就成了围绕发动机的传动系统与联动系统。小米清晰地认识到从线上渠道连接用户与销售产品是效率最高的一种方式，通过轻联结、活联结与心联结，最终把消费者转化成为忠实的用户，这是建立根据地的关键。

小米商城登场

小米商城是小米自家的电商网站，以销售小米的核心科技产品为主；米家出售的则基本是生态链企业的米家产品，但这种分工不是绝对的，也会产生交集。

小米商城作为小米全渠道销售的线上主战场，在降低成本、提高效率方面发挥了关键作用。因为有了小米商城，小米才能实现小米手机在线上的销售，做到线上订购模式。小米商城为用户最大限度地提供便利：24小时均有专业且有趣的人工客服为用户答疑解惑，无论白天还是深夜，只要用户发出疑问，人工客服就会给出专业的回答或者建议，帮助用户及时解决问题。

小米商城也有独特的功能，如“企业团购”“F 码通道”“以旧换新”“真心想要”等。除了上述服务和功能外，小米用户还可以在小米商城享受到小米提供的各种专业服务，以及小米提供的一系列技术支持和其他服务。

社会化营销布局

小米在社会化营销运营上布局很大，主要阵地包括微博、公众号、论坛、贴吧及QQ空间。小米把每一个平台账号都当成一个产品来经营，配备了完整的团队去管理。小米通过做社会化营销，提供优质的内容，实现品牌传播。

例如，小米商城App的“星球”中有一个专门的内容模块——“发现”。这个模块有新品一手评测、特惠攻略、科技家装指南、开箱图赏等干货，通过商城早报的条列形式，把内容主动展示给用户看。这些内容的作者是谁？是小米官方和米粉。小米在做产品、做用户、做内容等各个层面都设有开放环节，每一位粉丝都可以参与到各个环节当中，为小米建言献策。

饥饿营销收放

营销的本质就是吸引更多人来买自己的产品，让消费者对自己的产品产生好奇，让自己的产品对消费者产生吸引力。毫无疑问，饥饿营销无疑是一种让消费者产生好奇和兴趣的绝佳方法。就像歌词里唱的那样“得不到的永远在骚动”，人们总是渴望得到一些不容易得到的东西，对免费的东西没有多少兴趣，而饥饿营销恰恰是抓住了消费者心理上的这一点来取得收益的。

近几年，可能人们一提到饥饿营销就会想起小米，小米虽然不是第一家使用这种营销方式的公司，却是效果较好、让人印象较为深刻的公司。从小米 1 开始，几乎每一款小米的手机都需要抢——花钱也未必能买到。

2011 年，小米 1 第一次正式同消费者见面，5 分钟内 30 万台售罄；2012 年 8 月 23 日上午 10 点，小米 1S 首轮开放购买正式开始，官方给出的公告显示是 20 万台，结果在 29 分 36 秒就被消费者抢购一空；2012 年 10 月 10 日，小米总销量已超过 500 万台；2013 年 8 月 12 日，红米手机开放购买，10 万台红米手机在 90 秒内售完。我们不得不承认，小米公司创造了手机营销史上的一个奇迹——一家刚刚成立 3 年的公司，就完成了前所未有的销售纪录，令人啧啧称奇。

毫无疑问，饥饿营销具有其他营销方式不可取代的优点与特色。从心理学方面分析，饥饿营销的做法恰恰满足了"人无我有，先得为荣"的消费心理，激发了消费者的购物欲望，从而形成一种有利的卖方市场。小米的第一批用户是小米的铁粉，粉丝对于偶像的东西那绝对是志在必得——越是不好买，越是要买到。小米的营销方式更激起了用户对小米手机的关注和兴趣。

事件营销助燃

小米很会追时事热点，以事件的热度换来用户对自己的关注。小米擅长通过策划、组织具有新闻价值、社会影响的人物或事件，吸引媒体、社会消费者的兴趣与关注，提升企业品牌形象，促成产品销售。

案例

“150克青春”

在小米手机青春版正式发布前1个月，小米就开始在新浪微博上以“150克青春”为话题进行了一系列预热活动。小米公司的合伙人亲自出镜参演了一部名为《我们的150克青春》的短片。短片几乎包含了大学中的每一个经典场景：雷军在打游戏，黎万强（阿黎）在拍照，穿着假名牌的黄江吉（KK）说要约网红凤姐，林斌在看《〈金瓶梅〉传奇：兰陵笑笑生秘史》，洪峰调侃自己很长时间没洗袜子，刘德在弹吉他，周光平（周博士）在摆弄飞机模型。这部短片立刻吸引了无数人的关注，小米手机青春版刚刚上线便卖掉了15万台。

广告营销覆盖

从 2013 年起，小米在传统广告方面做出了不少尝试（表 3-1 为 2013—2017 年小米投放的电视广告），从一开始的有些不知所云，到后来的“高大上”，小米也走出了一条探索之路，不难看出，广告所传递的价值观逐渐由“对小米的崇拜”转变为“对商业产品价值的崇拜”。

尽管小米不是以传统营销方式著称的企业，但毫无疑问，在央视春晚上播出的广告还是能够引起巨大的市场反响，对企业品牌形象、产品销量起到了积极作用。

表 3-1　2013—2017 年小米投放的电视广告[①]

年份	名称	时长	投放平台	效果	特点
2013	《嘿嘿》	15 秒	央视春晚	针对一个“屏幕下滑换屏保”的卖点，在国内智能机还没有普及的年代，这样的传播方式有些不够直接，多少让人感觉有点不知所云	效果欠佳，能记住的人寥寥无几
2014	《我们的时代》	1 分钟	央视春晚	非常准确地定义了小米的用户人群，就是追逐梦想的人。向年轻人灌输新的价值观，因为他们渴望融入主流价值世界，渴望改变自身命运和经济地位。北漂阶层，渴望着建立新秩序，建立在亿万年轻人的城市生活梦想上，效果非常好	投放成本高
2015	小米 Note 系列广告	15 秒	央视春晚	消费升级，不再关注产品价格和品牌，而是更多关注产品的质量，请明星代言	摆脱了年轻人的面孔和燥热，逐渐走向成熟
2017	《未来之门》	57 秒	央视春晚	阴郁的深蓝画面色调，深邃低沉的声音，国际化的人物设定和取景，既凸显了产品的品质感，也传递着对未来的思考	成熟高级的价值倾向，用户的年龄和群体在不断升级
总结	广告所传递的价值观逐渐由“对小米的崇拜”转变为“对商业产品价值的崇拜”				

① 2016 年央视春晚广告位第一标被乐视夺得。

在初期阶段，小米没有将营销渠道局限于某一个方面，而是洞察了互联网时代不断出现的系列风口，探索与寻找一切可以助力营销的新手段，围绕着粉丝探索产品改进，围绕线上试水线下（表 3-2 即是对小米营销策略组合的总结）。一方面，利用互联网进行事件营销、饥饿营销的方式探索，利用互联网制造爆点、热点，保持用户黏性；另一方面，在线下零售方面逐步试水，落实“线上线下优惠同享”“线下体验，线上下单”等新零售方法，让粉丝能够在线下参与进来。

表 3-2　小米营销策略组合总结

时期	方式	具体形式	成本	特征	功能 / 作用
初创期	饥饿营销	爆款产品 供小于求	低	高度融合互联网 充分利用互联网高度信息化和集成化的优势 目标对象高度集中 顺应年轻消费者消费习惯	保持用户黏性 吸引年轻群体的关注 提升产品的吸引力
发展期	传统媒体营销	广告投放	高	先亲民，后高冷 在央视春晚连续投放，成本高	向大量观众传递、灌输小米思维、小米文化

（续表）

时期	方式	具体形式	成本	特征	功能 / 作用
发展期	社会化营销	新媒体	低	成本低 更新及时 互动性强 受众广	提高用户参与感 保持用户黏度 保持品牌新鲜度 增强粉丝团体凝聚力 回馈粉丝 借机宣传，扩大粉丝群体规模
		事件营销	低	通过互联网制造热点、爆点 关注度高	
		线下活动（米粉节、同城会）	低于广告投放	成本较高 规模不一 层级不一	
成熟期	形成定期活动 成为常规营销方法	全国各地粉丝社群活动 同城会 米粉节 小米家宴	低	拉进与用户之间距离 维护铁粉	提高用户忠诚度

总结：风口与定力

小米战略的第一阶段，显而易见的成功关键点就是捕捉到了风口。雷军对风口的洞察力与预见力是超前的，让小米完成了从 0 到 1 的飞跃，创造了营销的奇迹。从宏观到微观，风口具体可分为线上风口、粉丝风口与爆款风口三个维度。

线上风口是指随着移动互联网时代的来临，网民的总数量在不断加速增长，尤其是作为“95 后”“00 后”的年轻一代初入江湖，网络交流与沟通方式逐渐蔚然成风。小米清醒地预感到了这一时代浪潮的大机遇，小米认为互联网能够最大程度地保障与终端客户的最直接、最高效率与最低成本联结。

粉丝风口是指通过对用户爱好与兴趣点的分析，小米对核心粉丝进行培育与经营，真诚地、超预期地服务粉丝，逐渐形成了从铁粉到大众用户的系统结构；通过线上线下口碑的传递与叠加，逐渐形成粉丝群体与用户群体的同步性、持续性的连锁放大性扩张；通过粉丝扩张持续拓展新用户与年轻用户。

爆款风口始终聚焦于大单品营销策略。在产品这个维度小米始终以极致的方式表现，适度扩展产品线是为了最终的高度聚焦于单品、大单品、爆款单品、超爆款单品。因为小米认为只有爆款才能持续深耕用户体系，只有爆款才能持续提升供应链的整体效率，只有爆款才能持续集聚加高品牌营销叠加势能。

小米业绩一度高速增长，与综合利用和借助这三大风口有着直接关系。在这三大风口中，粉丝风口是小米战略的根本，其他两个风口则是辅助性的，这三个风口相互作用，相互引导，相互支撑，相辅相成，共同推动了小米业绩的攀升。

营销是表面的，战略才是本质的。聚焦三大风口的营销策略只是小米的前台演绎，支撑这一前台表现的则是其内在战略动力之源和战略定力之源。我们总结了小米的“三高”战略定力：其一为高效率定力，其二为高服务定力，其三为高品控定力。

高效率定力是指小米在经营战略层面，始终把高效率作为企业经营的灵魂，无论是在创业期，还是在高速增长的机会期，总能对投入与产出的把控做出理性的决策。截至 2011 年 8 月，小米通过 MIUI 聚集的粉丝已经超过 50 万，活跃用户超过 30 万。小米仍延续着拓展专业粉丝的决策。这种对高效率经营理念的恪守，让小米在互联网浪潮袭来的躁动背景下冷静地把握住了一个又一个风口。

高服务定力是指在粉丝风口的寻找与经营中，小米以海底捞为榜样，全心全意地真诚对待用户，将手机这一品类的综合服务做到了极致。快速、周到、细腻、贴心、睿智地同粉丝交流和互动，持续深化与粉丝的情感，小米所形成的粉丝文化磁场融化了绝大部分粉丝的心。这种高服务定力持续满足了粉丝群体的存在感、价值感与参与感，借助网络之力，粉丝群体呈指数级增长，支撑了粉丝风口的出现。

高品控定力是指小米对待产品的核心理念，它是以中国百年企业同仁堂为榜样，产品的设计定型、供应商选择、元器件选配都选择了高配置，而价格定位则贴近成本。真材实料，用高品质低价位的方式做良心产品，以高颜值、高应用性与高性价比的产品，一步步不断打磨产品，改进产品，努力让每一款产品都成为精品、极品。小米对产品追求极致的工匠精神，是支撑小米开发一个又一个爆款的动力之源。

从营销层面来看，小米的确抓住了线上风口、粉丝风口与爆款风口，演绎了一系列营销策略组合。这充分反映了小米所具有的非凡洞察力、预见力与捕捉力，将营销的应变力与创变力发挥到了极致。“三高”战略定力是小米的战略密码与组织基因，小米正是依靠着这种密码与基因，走过了高速增长的创业期与机会成长期，完成了第一阶段的成长历程。

风口只是小米的表象，表现为一线营销的创变演绎，然而在一部分人眼中，这种对风口的把握似乎充满着机会主义的幸运——尽管让人眼前一亮，但很快就成了过眼烟云。其实，定力才是小米的本质，是风口的支撑，但定力需要岁月的沉淀。“三高”战略定力孕育着雷军及其核心团队的产业报国情怀，昭示着中国新一代企业家的高远抱负与事业追求。

战略 2.0

模式创新，打造生态链运营平台

互联网的发展可以分为三大阶段：第一阶段是PC互联网，第二阶段是移动互联网，第三阶段是物联网。早在2013年底，雷军基于未来物联网战略的预判和思考，开始着手探索小米生态链。这一具有战略高度的提前布局，在操作层面上非常具有创新性，在战略层面上非常具有前瞻性，背后凝聚着雷军及其团队高屋建瓴的思考：小米的生态链系统不是简单地把生态链在产品层面上进行延伸，而是把自己置身于大众市场大消费升级的背景下，进一步思考如何用产品和硬件来吸引并联结更多用户，提早布局并利用物联网，占领一定先机的战略。

在整个物联网战略中，最核心的思想还是联结。从开始的人与物的联结，再到实现人与人的联结，最终形成万物互联的大IoT时代。如今，小米通过性价比高的产品和高效率的营销渠道，将越来越多的用户与其相连，一条清晰、充满活力的生态链正在逐步构建。小米生态链战略在不断推进，最终能够呈现何种效果恐怕雷军自己也说不清楚。但是有一点非常明确，无论最后生态链能不能到达物联网层次，小米的产品广度和用户广度都具有很大的想象空间和商业价值，在未来残酷的商业战场中，小米都将先人一步。

经过归纳，我们将小米的发展分为三个阶段。

第一阶段：粉丝+手机的风口借势

小米通过MIUI系统聚拢人气，获得了大批粉丝。在有了 50 万 MIUI 用户之后，小米开始规划设计、生产小米手机。这一阶段小米专心打磨 MIUI 和手机的品质，利用高性价比吸引大量用户，通过手机将用户和小米联结起来，也通过粉丝文化将人与人联结起来。

第二阶段：以手机为核心进行生态链建设

小米经过前期在品牌、供应链、技术等方面的实力积累，形成了以手机为核心和基础，不断向外拓展产品范围，并聚焦“手机周边、智能硬件、生活耗材”的生态链。在这个过程中，小米一方面通过生态链企业的优质产品继续吸引新用户，完成“人与物”的联结，进而完成小米用户间“人与人”的联结；另一方面，小米开始用智能硬件提前布局 IoT，为下一阶段实现“物与物”的联结打下基础。在第二阶段，小米走出了销量低谷，也为后续的渠道升级、新零售的开展打好了基础。

第三阶段：未来大物联网商业生态时代

经过研究，我们大胆预测，小米下一阶段的战略主张是在前两阶段的基础上构建大物联网生态的时代。这一主张的提出不是毫无根据的，而是基于雷军和小米对于未来商业走向的判断。在未来，小米不是单纯发展手机、软件等具体的产品，而是聚焦于构建万物相连的 AIoT（人工智能物联网，Artificial Intelligence & Internet of Things）系统。这要求小米在生态链阶段就开始做好准备和布局。

下面几章，我们将首先从生态链的整体布局出发，进而分别从小米生态链整体布局与抉择、具体的团队选择与产品选择、小米生态链管理与组织模式、小米品牌势能四个方面全面解读小米在 2.0 战略阶段如何打造平台模式，形成以手机为核心的生态链。

第 4 章

生态链的整体布局与抉择

随着技术的逐渐成熟与日臻完善，小米不再满足于占领手机市场。除了不断钻研与发展手机这个核心业务之外，小米也在发掘、拓展与手机相关的业务，同时涉及生活领域，这就是为小米带来变革的小米生态链。

小米生态链无疑是经济增长和消费升级的产物。目前我国正在经历第三次消费升级，增长最快的是教育、娱乐、文化、交通、通信、医疗保健、住房、旅游等方面的消费，越来越多的消费者愿意把钱花在提升生活品质上。年轻一代早已成为市场的消费主体，由于他们生活在物质极大丰富的时代，相比于他们的父母，这一代人更加注重产品的设计、品质与风格。如何满足新大众对产品的全新需求是摆在所有企业面前的机遇，也是挑战。

为了满足新一代消费者的需求，小米生态链不仅在产品层面做延伸，而且在大众市场大消费升级的背景下，思考如何用产品、硬件来联结更多的用户，提早布局 IoT，占领一定的先机。或许雷军本人在一开始也没有想到“生态链”这个概念，但是一不小心就把生态链做大了，并形成了很多奔跑中的思考，得到了很多值得其他企业借鉴的经验和教训。我们在这一章介绍小米生态链的整体布局思路，具体诠释小米在生态链探索中的行业选择、企业选择、市场选择与赋能的方式。

行业选择：打破舒适，解决痛点

为什么小米生态链企业有机会做大？随着中国经济的发展，产业规模与市场规模也在同步增长，很多传统企业满足于眼前的市场份额与增量，无视行业、消费者乃至社会长期以来的痛点，对产品的设计、工艺、外观、材料、综合质量等环节不投入、少投入与滞后投入，导致很多传统产品在外观、质量等方面保持原样长达数十年之久，没有任何改变，形成了中国制造虽然整体规模大但竞争力不强的状况——许多行业规模领先的企业在舒适区里待得太久了，缺乏发展动力。雷军清醒地认识到了这一点，他的思考是中国制造业可以重新做一遍。

国内很多行业做不好的主要原因是领军企业缺少产业报国的高远志向，缺少对更高经营效率与运营效率的追求，产研销综合效率低下，非良性循环的结果就是，产品差、价格高、用户不满意，因此企业在每一个环节都赚不到多少钱。以插线板为例，之前的插线板又大又丑，30 多年工艺都没有一点进步，公牛在插线板行业虽一家独大，但其产品也有许多亟待改进的地方，其他份额被无数家中小公司瓜分，形成了“要么贵、要么差”的“蚂蚁市场”。一次偶然的机会，雷军与突破电气公司的老板想法不谋而合，为什么不能把插线板做得精美一些呢？随后小米与相关企业合作成立了生态链企业，产品就是插线板。设计师在外观、工艺等多个方面进行精细的设计，并在每个环节提高效率，最终生产出了性价比极高的小米插线板。小米插线板上市一年后，中国市场上的插线板设计感变得越来越强，工艺水平也有了很大的提升，这充分说明小米推动了整个插线板行业的革命。

互联网时代带给市场的力量往往是难以想象的，互联网思维将会给传统企业的经营与运营带来效率倍增。小米利用自己的电商平台销售，砍掉了中间环节和中间价格，让消费者以最快的速度、最低的价格拿到了商品。选择爆品思维，集中技术高手与所有资源投到一个产品上去，自然就会减少因为资源过度分散带来的成本。对品质的极高要求也是追求效率的一种体现，如果产品质量出了问题，售后、信誉等一系列问题会大大降低公司运营的效率，提高成本。

小米把自己从实战中得来的方法论传授给生态链企业，带领他们在不同的行业“搅局”，进入一个行业就搅动一个行业，打破“要么差、要么贵”的行业现状，进而促使一个行业发生革命性的变化。长此以往，小米能够改变的就不仅仅是生态链涉足的领域了，整个中国的制造业或许将会因此改变。

企业选择：找合作者，比找老婆难

在小米建立生态链的初期，雷军就意识到建立利益共同体只是暂时的，从长远来看，必须建立一个事业共同体。因此雷军在为小米选择合作伙伴时格外慎重，寻找的合作者大部分是有技术黑马特质的团队。

所谓技术黑马特质，就是指这个团队在研发技术方面比较突出，可能拥有突破行业痛点的研发高手或潜在高手，一般在营销与供应链上存在较大短板。小米不会寻找产、研、销综合能力都很全面的公司作为生态链合作企业，换句话讲，你什么都厉害，什么都能干，还要我做什么？双方没有配合、互补的空间，也就没有在一起的必要了。小米内部有一句很形象的话："用找老婆的标准找团队。"这就意味着，生态链企业的团队要在研发上有较大潜质，在品牌、营销、供应链与品控等其他方面存在短板，而小米则可以及时弥补，这样双方才可以志趣相投、情投意合。生态链企业为小米带来新的技术和研发团队，小米带给研发团队销售渠道、客户群和品牌背书。这样，销售、营销、供应链等多个方面的成本都能够大大降低。有些企业虽然有技术，但技术不全面，这时小米就可以对其进行技术赋能。

小米寻找合作者，追求长期持续的成长，相互赋能与支撑，互惠互利与共同发展。一旦选择了合作伙伴，小米就要用自己的品牌与影响力给生态链企业背书，但是假如生态链企业的产品出现了问题，在市场上砸的就是小米的牌子。正是出于这个原因，小米在生态链企业的选择上非常慎重。小米看重的是与生态链企业的事业追求、价值观与文化是否合拍，具体体现在三个方面。

第一是用心做不贵的产品。生态链企业团队必须把目光放在产品本身，坚持"产品为王"，集中一切资源打磨出过硬的产品。而注重性价比可能是大部分客户需求的痛点，小米依靠高性价比打开市场，生态链企业可以借势小米市场惯性与复制其成功经验，用心做出相对高颜值、高性价比与高质量的产品。

第二是重视粉丝文化。以用户需求为中心的粉丝文化是小米独特的营销方式，生态链企业的文化也必须与小米文化合拍，要重视与粉丝之间的关系，这样小米的销售渠道才能更好地对接到生态链企业。

第三是有一个有培养潜力的团队。小米坚决拒绝有贪念的人，小米寻找的是不求暴利、不赚快钱、专心做好产品的团队，那些想着快速融资、快速做大、快速上市套现、赚快钱的团队，即使再优秀、再权威，小米也坚决不与他们合作。

案例

紫米伙伴——张峰

小米生态链投资的第一个伙伴张峰是雷军的老熟人。雷军很欣赏张峰，张峰也被雷军提出的“做高品质手机用成本价销售”的理念深深吸引。所以，当充电宝这个念头出现的时候，雷军首先想到的就是张峰，而张峰也很适合。

第一，张峰在台企当了十几年的总经理，具有一定的经验。第二，他在产业里待了多年，对供应链非常熟悉。第三，他是研发工程师出身，既能做研发，又能做生产，也能做供应链。第四，张峰为人仗义，曾经帮过小米的忙。于是，小米生态链有了紫米公司。小米充电宝的成功，为整个小米生态链的发展布局开了一个好头，打响了战役的第一枪。

市场选择：既叫座，又叫好

小米的市场目标选择是“既叫座，又叫好”。叫座就是追求市场占有率，选择大市场，能够服务于大多数人，解决大多数人的迫切需求。小米的原则是“满足 80% 用户的 80% 需求”。据我们观察，小米生态链选择的产品具有两个显著特征：一是标准化高，二是功能型产品，具有普遍性和实用性。这两个特征使得小米的产品在市场上占据了优势，同时也为产品的叫座奠定了基础。叫好就是指在产品整体设计上追求守正出奇。通过研究小米的产品，我们发现小米产品设计的选择不在噱头上下功夫，不在华而不实的功能上花费太多精力，而是专注于思考对消费者来说最核心的功能。

小米坚信，守正方能出奇制胜。专注于产品的核心功能是守正，基于多数用户需求寻找其核心痛点并不容易，这需要深刻理解行业技术趋势、在需求趋势基础上为用户画像，这不仅需要理性数据，更需要市场直觉。在守住大众市场的前提下，再制定价格、渠道、商业策略，这都属于出奇的部分。很多企业过分注重表面创新与创意，往往偏离了产品需求的核心痛点，产品似乎很叫好，但是实际市场占有率却不叫座，说明了其出奇背离了守正。

小米突出的地方在于迎接大众市场的挑战，意味着要“夯硬核”，遇到问题不绕着走，直面问题，提高核心技术，解决长期存在的用户深度痛点。如果能同时成功击穿产品痛点、产业痛点、社会痛点这三个痛点，产品成功的概率就会大大提高。

案例

Yeelight 智能灯泡

Yeelight 创始团队凭借自己在电信行业的技术积累，给制造企业提供了一个连接的解决方案，这个解决方案在当年被极客公园评为“全国年度三十创新项目”之一。尽管这套方案受到了业界好评，但推广起来非常困难。一款产品从最初的想法到最终到达消费者手中，要经过一系列链条，Yeelight 当时完全没有这样的能力，他们的创始团队成员都是技术出身，商务谈判能力非常弱，缺乏营销渠道，也就找不到客户群。

在公司陷入困境时，小米看中了 Yeelight 对产品的把控和追求，也看中了这支专注于产品和技术的团队。于是，小米核心团队全程参与设计、定义产品、提供供应商背书，帮 Yeelight 打通了供应链，将 Yeelight 的产品正式搬上了小米的产品发布会，并且在小米官网上向 2 亿米粉销售。Yeelight 与小米合作的第一款智能灯泡于 2014 年底面市，一天之内就卖出了 4 万只！在短短两年时间里，Yeelight 就成长为小米生态链上表现非常抢眼的一支队伍。

孵化方式：小米的七大赋能

雷军在创立小米之前，在金山公司摸爬滚打多年，积累了丰富的经营与管理经验，离开金山后他作为投资人，投资与孵化了多家初创企业与中小企业，又积累了丰富的投资经验。探索与拓展生态链企业既是雷军的高瞻远瞩，也是小米战略升级的关键布局。早在 2013 年，小米就开始了对生态链的探索，而小米粉丝战略的积累，也为生态链奠定了一个良好的基础，小米对生态链众多企业的孵化方式主要体现在给予了它们七大赋能。

赋能一：品牌赋能

小米生态链的很多企业都是初创企业或者中小型企业，有着不错的技术背景却缺乏社会影响力和信誉积累，在激烈的竞争环境中生存下来具有一定的难度。小米作为一家具备相当强社会影响力和社会关注度的公司，自然能够从多方面为生态链企业进行品牌赋能。

首先是背书。小米的品牌效应给生态链企业的商业行为做担保，具体形式可分为融资背书、产品背书、供应链背书。通俗地讲，有了小米为它们“撑腰”，它们得到了很好的发展。

其次是粉丝。小米有超过 3 亿的用户，尤其是铁杆米粉更是生态链企业难得的持续销售群体，广大技术发烧友对于小米产品的信任和追捧超乎想象。还是用 Yeelight 举例。Yeelight 与小米合作的第一款智能灯泡在一天之内就卖出了 4 万只，而在这之前，同样的概念灯泡一个月只卖出了 500 只。

第三是热度。在信息爆炸、热点分散的时代，对任何公司来说，有热度、被市场和消费者持续关注都是非常重要的。初创企业加入小米生态链后，就可以“蹭”小米的热度，迅速利用小米的流量效应为自己的产品打开市场。

赋能二：商业赋能

小米一直以来的理念就是“产品为王”，如果生态链企业的产品足够优秀、拿得出手，也会给小米带来新的客户群，进而完成客户群的转型升级。具体包括以下三个方面：

用户群分析。小米会帮助生态链企业分析所面对的用户群特征，对用户群的主要需求进行分析，直击用户群痛点。

工业设计。小米产品的工业设计特点主要有：简洁、干净、大方。这些特点在小米产品的外观上也体现得淋漓尽致。由于小米生态链企业具有较强的专业性，对产品的理解更加独到，因此可以做出具有核心竞争力的产品。这些企业再沿用小米的工业设计，使得产品能够在市场中占有一席之地。

方法论。小米形成了一整套如何做产品、卖产品、吸引粉丝的方法论，生态链企业也可以沿用这套模式，复制小米的成功经验。具体包括：提高用户生活质量与便捷度，坚持高性价比，单品爆款，注重顶层设计。例如，智米主要做产品的顶层设计，它会邀请生态链企业按照统一的设计进行研发和生产，遵循小米的思路，把行业内的技术做整合。

赋能三：渠道赋能

对初创企业和中小企业而言，经营销售渠道的成本无疑是巨大的。而加入小米生态链之后，生态链企业就可以使用小米的线上渠道小米商城、线下渠道小米之家等营销渠道进行产品营销。这些渠道不仅能够使销量得到大幅度提高，也可以最大程度降低销售成本。

赋能四：供应链赋能

在生态链概念成形以前，小米的供应链主要是为小米手机服务的。而作为当前竞争最激烈的市场之一，手机市场对于供应链的要求是最高的，可以这样说，电子领域中的高精尖的技术都集中在手机上。小米把手机供应链打通之后，就拥有了大量制造供应链体系的资源，再做其他产品就相当于“降维打击”：一方面成本得到控制，另一方面全球最为优质的供应链系统能为己所用，品质好、效率高。普通小企业没有整合供应链的能力，在整个供应链上也缺乏话语权。例如，在华米开始做手环之前，手环的成本很高，进口手环要上千元左右，而通过小米的供应链赋能，华米用小米的优质供应链批量生产手环，成本控制得非常低，小米手环 1 零售价在 100 元以内，仅 2015 年一年就卖出了超过 1200 万只。

赋能五：技术赋能

小米一方面把产品研发下放到了生态链层面，让生态链企业自主研发产品；另一方面主动将技术赋能给生态链企业。小米利用生态链将一些资源进行整合与优化，为较为弱小的企业提供支持，帮助它们实现从弱小到强大的转变，从而创造出有价值的产品。

赋能六：团队赋能

吸引各路人才是小米成立之初最核心的战略，也是如今小米最引以为傲的核心竞争力。小米生态链通过近几年的实战得到了一支强大的、集合各领域人才的精英团队。在组建生态链的过程中，小米可以根据每家生态链企业团队的优势和劣势帮助其调配人才、组建团队，用最合适的人给每个团队提供帮助。

赋能七：资本赋能

近年来，小米得到了资本界的大量关注和支持。当生态链企业遇到资金周转问题时，小米会对其进行投资，帮助其继续规模量产，并利用手中资本力量对生态链企业进行资本赋能。小米生态链的投资人团队是由工程师组成的，一般的投资人看重团队、数字、回报，而工程师更看重产品、技术、趋势。只要小米认为某产品有潜力，就会给这家企业投资，直至其规模量产。企业在加入生态链以后，由于得到了小米的支持，减少了财务限制，打磨产品时间大大延长，这更保障了产品的质量。

总结：先觉与自觉

归纳这一章的内容，我们思考的两个关键词是先觉与自觉。先觉是指雷军对于互联网时代未来的演进方向有一种超前的觉察，这是超乎常人的一种历史节点的觉醒，似乎是一种跨越当时市场周期的最宝贵、最稀缺的先觉。这种先觉帮助小米在充满不确定性与乱象丛生的市场变迁中，把控住了企业的战略方向，这种把控需要企业家的时代基因与战略预见性，需要在充满迷雾的黑暗中洞察出遥远处似乎存在一丝微光的方向，这体现了雷军对产业发展趋势的先觉与预判，从 PC 端到移动互联网，最终指向物联网，从“人与人”到“人与物”的联结，最终指向万物相连与万心相印的 IoT 时代。站在产业演进的宏观高度上看，小米的这种先觉具有战略性、穿透性与前瞻性。

自觉是指在确定新业务拓展方向之后的历史性自觉，这种战略性的自觉使得小米朝生态链方向进行了坚定的探索、投入与创新，长期不懈地加快探索、加大投入与迭代创新。

我们站在 2020 年，回顾小米这 6 年多来对生态链体系的艰辛探索历程与持续的创新尝试，小米遭受过非议、外界的误解与舆论的责难，这需要企业家的胸怀、格局与心理韧性。小米的生态链模式不是一蹴而就的，而是经历了在坚定的战略自觉与信念下的不畏艰险、不惧诽谤、不断试错、持续纠偏的痛苦探索过程。这其中的坎坷与艰难恐怕只有小米最核心的决策者才能体会。对于下一步可能出现的结果没有人能说清楚，然而他们坚信，要想挺进物联网时代，小米必须在产品技术和用户心智两个未知世界中持续投入，谨慎拿捏，逐渐聚焦用户的想象结构，把控用户的诉求节奏，在效率与价值两个维度的切换中为用户创造惊喜，实现持续高速增长。

第5章

生态链创业团队与产品选择

小米凭借着独特的互联网销售模式、粉丝战略、社会化营销方式，在手机硬件领域快速成长，也创造了属于自己的独门秘籍。第一战略周期的惊人成长速度和独树一帜的商业模式，让小米成了众多行业与企业关注的焦点。然而小米并没有满足于暂时的业绩，他们早已把目光投向了更远的未来。

从 2013 年底，小米逐渐明确生态链战略，开始尝试用做手机成功的经验去复制 100 个“小小米”，提前布局 IoT。“用投资的方式，找最牛的团队，用小米的平台和资源，帮助企业做出最好的产品，迅速布局互联网。”这是小米建立生态链的初衷。这就好比一个习武之人，在自己练成了独门武功后，开始有战略意图地选择江湖上志同道合的技术黑马与创业豪杰，给予他们必要的帮助，授予他们自己的秘籍。“聚是一团火，散是满天星”，生态链企业平时保持各自独立，自己发展，到了关键时刻则互相帮助，建立更加广泛的战线。当然，小米虽敞开大门，也不是所有的创业者、所有的产品都能入小米的法眼。“道不同不相为谋”，对于创业者、创业团队与文化的选择，产品的定位与选择，小米有着自己一套独特的偏好与逻辑。

创业团队的选择：有抱负的技术黑马

在组建生态链初期，小米对生态链企业的选择首先体现在创业团队的选择上，他们采取了较严格的标准。常规的公司投资时，首先要看行业周期的风口、市场占有率、估值等客观指标；而小米投资的选择，首先是看人，不仅看主要创业骨干是否靠谱，更要看创业团队的抱负、价值观、经营理念与文化是否和小米趋同。在小米看来，一个优秀的团队比财力状况更重要，甚至比他们的主营产品更重要，只要创业团队有潜质，小米就会为其投资、调配资源、出谋划策。小米明白，无论产品、战略如何风云变幻，站在企业背后的关键还是创业者本身。

在创业团队的测评上，小米主要对以下几方面进行考核：有长期创业思考，恰当的沟通能力与执行能力，有一定的前瞻性，具有工匠精神，等等。小米将这些内容作为测评创业团队的标准，主要出于两方面的考量：一方面，追求高效率，生态链企业与小米之间的沟通顺畅和团队的执行力是整个生态链运行效率的保障；另一方面，注重团队的培养潜力与潜质，看其是否注重长期利益，能否专心打磨产品，是否具有勇于开拓的创业精神。为了减少前期风险与积累经验，雷军的思路是"先用熟人，再用新人"，所以小米生态链最早就是一个"熟脸圈"。随着生态链的扩张，小米也开始注重培养新人，打磨全新的团队，发掘新的人才，为小米的长期发展蓄力。

被小米选择的创业团队，总结起来可归纳为必备三大基因：志高手低基因、技术黑马基因、工匠精神基因。

志高手低基因

志高手低基因是指小米在团队选择上往往采用"降维打击"的思路，即用具有大抱负、志向高远的准创业者，聚焦于做透一个细分市场，从看似不起眼的细分行业入手。通俗来说，就是"大材小用""杀鸡用牛刀"。小米的思路是用行业最高标准去重新做一个细分行业，甚至单品行业。小米只有突破产品行业性痛点，在产品的整体设计、用材与成本上追求极致，才有机会使产品不断迭代，日臻完善，在此基础上逐渐打磨供应链体系，最终形成产、研、销高效协同的良性效应。

技术黑马基因

技术黑马基因是指创业团队中必须有优秀的技术黑马。团队首先对产品与技术精通，其次拥有对顶级产品有追求感的准产品经理。这些准产品经理实质是 BU（Business Unit，业务单元）负责人，能够进行产品定义、产品过程开发、行业及市场竞争对手分析，产品数据的监测和分析，产品宣传、产品渠道推广、产品商务拓展，全方位负责产品整个链条，保证产品市场的成功。这些准产品经理追求技术极致，对产品有一定完美主义情怀与高追求，他们不仅对产品设计和产品质量有高追求，而且对产品的经营抱有浓厚兴趣，愿意倾注心血到整个供应链的整合、渠道的推广，最终把整个渠道打通。例如，智米的创业团队在产品开发定义阶段就调动了产业链上的优秀合作伙伴共同生产，站在产业高度设计整条价值链，帮助生态链企业以更广的视野、更大的格局、更长远的战略打造产品，取得市场成功。

工匠精神基因

工匠精神基因是指创业团队必须将工匠精神的工作风格与文化融合到工作中，不论是理念上，还是方法论及具体操作上，生态链创业团队的选择拒绝普通与平庸，优先选择技术完美、有技术洁癖的工程师，因为他们对外形设计、选材质感非常敏感，死磕细节。由于这些工程师的精益求精，小米可能会推迟产品的上市时间。也正是因为有了这些死磕细节、追求完美的工程师，小米生态链产品才能上档次，才能具有非一般产品的品质。小米依靠具有工匠精神的团队，生产出具有工匠精神的产品，最终总结出了一套可以实现工匠精神的方法论。未来科技将会怎样发展今天无法想象，但是技术进步依然将无法取代人文的内涵，小米生态链的工匠精神就是闪耀在未来科技时代的璀璨之光。

产品选择：小池塘中的“大鱼”

小米生态链在宏观布局上要做“大池塘的无数小鱼”，即围绕着手机呈发散状，聚焦细分市场。但在微观层面上要做“小池塘中的唯一大鱼”，也就是说，在具体的细分市场要做小行业的领军者、创新者与周期性的颠覆者。当然，上述的唯一不一定是销售总数量上的绝对第一，但一定是某规格与品种产品的相对第一，小米追求的是几百万件产品或几千万件产品，甚至几亿件产品。细分行业的第一爆款才是小米的挚爱，让所有的粉丝每人拥有一件小米的产品才是小米的真正追求。

做高品质的产品是小米产品的另一项关键选择，小米的原则是“少做产品，只做精品”。当今市场手机种类繁多，消费者也存在多种选择。为了留住消费者，不少手机企业做出十余款甚至几十款手机。他们的理由很简单：这么多款手机，总有一款能够满足消费者的。消费者需求不同，可谓众口难调，手机企业采用这种策略无可厚非。然而这种策略也存在多种缺陷，最大的缺陷是很难打造出自己的品牌产品。企业缺少品牌产品，则不利于口碑的塑造，在很大程度上也会影响到企业的发展。与这些企业不同，小米将精力投入到对精品的塑造中。这样做让小米既赢得了口碑，也赢得了市场。

案例

小米电饭煲

对于电饭煲这样一种大众产品，小米在研发阶段直接对标国际最领先的技术方案，对标全世界最好的电饭煲产品，在实验室里摆了十几种各大品牌的电饭煲，与小米设计出来的产品同时煮饭。每天都是一边对比，一边调整硬件设计和软件设计。研发工作用了两年多时间。

基于上述思考，小米生态链产品选择的基本方法论是向前渗透与向后梳理。**向前渗透**是指逐步渗入未来亿万普通消费者的生活中，逐步渗入未来亿万普通家庭的生活场景，这是一个有无限想象力的万亿级市场，市场容量足够大，消费频率足够高，发展前景不可限量。智能硬件与生活耗材大类恰好符合小米生态链战略的要求。小米生态链在最初探索中，认为生态链产品对于保持小米的品牌热度与提供销售的基础流量方面作用较大。但随着生态链的发展，小米认为未来的想象空间才是战略的关键，如果只是种几棵树，则意义不大，能否逐渐发展成形成气候的热带雨林才是关键。幸运的是，小米手机的前期探索具备了将互联网、硬件与软件融合的基因，再加上近年来小米孵化了多个领域的智能硬件，这样既捕捉到了硬件技术智能化的演进趋势，又能通过生态链为小米带来新的客户群。这些新客户进入与互动又能反过来促进小米生态链产品的升级迭代，例如，智米空气净化器、云米净水器、纯米智能电饭煲等。

向后梳理是指基于用户消费升级重新梳理、改造与提升各条产业链。雷军曾经说过，生活中 99% 的产品都需要重新设计。用户对产品的需求越来越大，同时他们对产品的要求也越来越高。但是，国内许多企业仍满足于眼前销量的惯性，对新生代用户的新需求视而不见，导致很多产品的设计、材料与应用上存在痛点，有些已形成产业级痛点，长期得不到解决。重新审视产品供应链的上游、中游与部分下游，很多原来不规范的、低价值的与不求创新的供应商将不适应未来的产业要求，会被逐渐清除出场。小米生态链企业通过向前渗透，逐渐清晰了向后梳理的原则与规矩，聚焦优质上游与中游的优质供应商；通过向后梳理，淘汰劣质供应商。这种重新改造行业的思路与实践，逐渐让小米找到了持续探索的决心和勇气，也给中国制造业带来了更多的阳光。

产品延伸：既要专一，又要“花心”

专一是指小米在手机产品上的深耕与积淀，“花心”是指小米对新业务与新产品的拓展。小米在手机产品上放量之后，基于增长的需要必须不断开拓新领域、新产品。小米应该向哪个领域拓展？按照《小米生态链战地笔记》的说法，小米的投资分为三个圈层：第一圈层是手机周边，第二圈层是智能硬件，第三圈层是生活耗材。

具有战略意义的是，这些产品都能与小米的核心产品手机产生关联，这就意味着生态链企业能够同小米共享客户群体及销售渠道，并有可能为小米带来新的客户群，实现小米与生态链企业之间的互相促进。尽管每一圈层的产品类型不同，载体也不同，但背后的逻辑是相同的，即通过产品与客户产生联结。

下面我们来具体分析小米每一圈层的产品，解读其背后的逻辑。

第一圈层：手机周边

这一圈层是指与手机相关的辅助性、延伸性配套产品，主要包括：耳机、小音箱、移动电源、手环，等等。由于前期小米手机在外部客户群与内部供应链上都积累了一定的经验与优势，因此，生态链的产品从产品推出、小批、中试到放量都驾轻就熟、信手拈来，这样在初期阶段就能提升综合经营与运营效率，产生事半功倍的效果。同时，手机周边产品和手机有搭配空间，意味着生态链企业能够和小米共享用户群体，联结也更有效率，最终形成手机、周边配件与用户的“三角互动”的良性循环。持续的良性“三角互动”会逐渐深化用户与小米手机、生态链企业的关系，最终形成系统放大的连锁效应。

第二圈层：智能硬件

这一圈层的产品主要包括：空气净化器、净水器、电饭煲、无人机、平衡车、机器人。在科技发展的背景下，硬件智能化既是趋势，也是机遇。小米是从硬件起家的，因此它具有孵化智能硬件的能力。从战略意义上讲，智能硬件能够通过小米手机控制，进一步实现小米与客户之间的联结，在提高用户使用率的同时，提升用户对小米生态链产品的忠诚度。

第三圈层：生活耗材

这一圈层的产品主要包括：毛巾、牙刷、行李箱。小米为何选择生活耗材作为自己的产品？主要原因大致有以下几个方面：其一，高黏性。生活耗材可以最大规模地联结客户，可以最高频率地与客户互动，增加与粉丝的黏性。其二，高效率。生活耗材能够在小米销售渠道（小米商城、小米之家）购买，与整个小米生态链销售渠道相连，提高与用户的联结效率。其三，大量稳定性。每个人都要使用生活耗材，生活耗材的需求量很大，因此生活耗材市场未来不可限量。更重要的是，其具有相对稳定性，能够保持基本销量。其四，部分产品有技术含量。随着技术进步，材料与设计将不断创新，例如，有些牙刷的技术含量比较高。

品质管控：从源头抓起

小米之所以能把上百家生态链企业的风险降到最低，是因为小米能把品控做到最优。小米从整个产品研发的前端，即从产品定义、设计阶段就参与进来，提前制定企业标准，品控严格贯穿全流程，对工厂进行全方位评估，建立预警机制，QC（Quality Control，质量控制）驻厂，而不是在产品全部做出之后再做品控。很多生态链初创企业的品控团队都晚于研发团队的组建，这就导致产品品控无法从源头做起。当产品基本成形时，任何改动带来的成本都是巨大的。针对这个问题，小米派出了自己的品控团队配合初创企业做前期工作，从产品规格的制定阶段就参与进来，待生态链企业自己的品控团队组建完毕，再把工作移交给他们。

总结：新人与新品

探索与培育生态链是小米第二阶段战略的必然选择，小米只有增长、持续增长、高速增长才能不断攀登新高度。小米要开辟新天地，取得持续与高速增长必须要拉起第二条曲线、第三条曲线，培育新业务，拓展新领域。而新品出现的关键是先要找到新人。根据我们十几年的咨询经验，感觉到尽管企业在拓展新业务、新领域与研发新品方面战略较为清晰，但是其商业模式与业务模式却迟迟无法突破。我们经过研究，找出了问题的主要原因：新人没有先于新品出现，新人没有重于新品，即组织体系、管理机制与企业文化没有同步升级创新，而小米睿智地将新人的考量与选拔放在了战略的高度。

小米在探索生态链初期，就将新人、新团队的选择放在首位，大胆选用新人、新团队、新理念与思维是快速扩展新品、新产品线的前提。小米在选择新人上具有战略创新性，寻找创业团队时注重志同道合，选择具有志高手低、技术黑马与工匠精神基因的创业团队。小米通过建立平台孵化与赋能于生态链企业，让具有新理念、新经验（非手机）与新思维的创业团队去拓展新业务、新领域和新市场。小米将选择新人、新团队放在一个无比重要的地位，并一以贯之，最终促成了生态链体系的良性发育。新品就是新业务、新市场与新领域，充满着无限的风险和困难。新品的命运在新人的三大基因中，在老品（手机）的市场与供应链优势中，在新品自身市场选择与产品线选择的创新之中。所以，新人是新品之魂、之根、之本，新品则是新人的心血凝结。

第 6 章

生态链的管理与组织模式

生态链是小米战略的第二条曲线，这条曲线能否拉起来关系到小米第二个周期业绩的整体表现。我们在前两章介绍了生态链战略商业模式的宏观布局与微观运作细节，这一章主要解读生态链的管理模式和组织模式的设计与创新，看雷军有什么独特的战略思考与管理思维，如何把小米生态链培育成一个庞大的组织体系。而这个不断扩张的体系既要保持整体的创新活力与开拓激情，又要保持体系的有序管理与组织和谐。

组织创建，基因传承

小米创立 3 年多就创造了销售业绩的时代高峰（实现营收破百亿元人民币），面对不断涌现的增长需求，如何将小米的创业文化基因与核心价值观能持续传承并发扬光大？在 2013 年底生态链模式探索之初，雷军就任命刘德负责生态链的总体统筹工作，从小米原体系中抽调了部分资深工程师，作为种子骨干构建起了生态链企业系统。这是非常明智的战略之举，雷军心里非常清楚新业务的拓展必须借助以往的业务，而以往业务中优秀的、有创业激情的资深工程师是开拓新业务的最佳拓荒者。

这种决策有以下几个优势：第一，种子骨干在小米经历了三到四年的实战锻炼，拓展新业务的经验丰富；第二，种子骨干和小米的价值观高度一致，有利于文化基因传承与创新；第三，种子骨干是早期小米持股较多的人，内部叫作大股东，这些人的财富有了一定基础，不会被短期利益诱惑；第四，种子骨干熟悉小米母公司的情况，有利于各生态链公司与总部资源平台的高效对接。各生态链公司创业初期时时处处充满着风险与困难，能够借助小米平台的优势资源往往是提高创业成功率的关键。

这里不得不说小米母公司的一个优势，即全员持股。所有工程师级别以上的员工都持有股份。小米通过利益机制对内部管理进行设计，对核心员工、关键性岗位员工进行激励，建立员工基金制度，让员工利益与公司利益具有一致性和统一性，从而为生态链发展注入活力。

管控模式，欲擒故纵

决策机制，收放有序

“龙生九子，各有不同”。小米的每家生态链企业都有自己独特的模式，也有自己的长处和短处，需要独特的管理办法和方案。当生态链企业数量逐渐增多，如何有效管理生态链也成了一个不小的难题。如何巧妙地利用生态链这种特殊的形式来避免传统集团公司出现的“母子冲突”“子子冲突”等问题，是小米生态链企业要共同面对的问题。小米给出的答案是该操心的地方倾囊相助，不该操心的地方果断做甩手掌柜，收放有度，才能保持生态系统的平衡。

小米生态链管理的不是几家企业，而是几十家，甚至几百家企业。如何才能在激烈的市场竞争中实现互利共赢？刘德认为，要以把控主线为基础，即牢牢把握住业务与产品投资的主方向和主节奏。在此基础上，要充分发挥众多企业家的群体智慧，赋予他们更多的自主权、决策权、管理权，这样才能持续激发具有企业家基因的技术黑马的创造力与奋斗激情。

小米生态链企业发展的第一年，在管理上由生态链企业决策者全权负责，第二年则实行小组决策制，重大决策由生态链企业的决策小组集体讨论后决定。为了保证重大决策的合理性，小米设定了一个限制的机制，就是总部拥有对立项的一票否决权，但不拥有决策权。这一机制既可以保障生态链企业的创新动力，又可规避较大的投资风险。截至 2019 年上半年，小米生态链总部已有 170 多人，主要担负着给予生态链企业的各种赋能职责，“欲擒故纵”的间接管理高效有序，几千人的生态链研发人员达到了普通企业几万人的工作效率，这种管理模式的创新具有时代价值。

“建议不决策”是小米与生态链企业在决策方面的一个关键原则，小米不会命令生态链企业去做符合自己规划的事，只是建议并引导生态链企业可能的发展方向。一些生态链企业在生产小米、米家品牌产品的同时，也在发展自己的自有品牌，实现“小米生态链 + 自有产品链”双轨道发展。

“帮忙不添乱”是小米对生态链企业做出的另一项承诺，以保障生态链企业独立自主的经营权。小米在孵化生态链企业的过程中，充满着真诚、宽容，主动自我约束一切管理行为。

案例

华米手环、润米箱包

华米在借力小米打造爆款小米手环后，在多个维度进行突破，逐步具备了独立品牌势能，于2015年9月推出了自有品牌Amazfit。Amazfit以“运动、健康”为核心概念，推出中高端定位手环，与小米手环形成差异化定价，聚焦于医疗健康领域，取得了一定突破。这样一来，华米就形成了小米手环与自有品牌Amazfit两条主要销售线。

润米借力小米资源实现了从0到1的突破，依托极致性价比成功填补产业空白，同时推出了自有品牌“90分”。“90分”从设计、创新、科技切入，完成品牌升级，抢夺中高端市场，与小米品牌实现差异化。这样，润米就形成了小米箱包与自有品牌“90分”两条主要销售线。

利益机制，承诺有序

“参股不控股”是小米生态链的利益分配机制之一（直到 2020 年 5 月小米实控紫米前）。小米和生态链企业不是收购关系，而是合作关系。对众生态链企业，小米不控股，最高股份占比 40%，多数是 20% 左右。这样才能保证生态链企业的动力，生态链企业占大股，技术黑马背景的准企业家会为自己企业的利益冲锋陷阵，小米只是默默支持；如果小米占大股，企业的生猛性就会大降，生态性的优势也荡然无存。

“上市之前不分红”是小米生态链的另一个利益分配机制。小米生态链的创业团队大多数是由技术黑马出身的工程师组成的，一般的投资人看重团队、业绩、回报，而技术黑马出身的创业者更看重产品、技术、趋势。只要小米的决策者认准这个产品有潜力，就会投给企业量产的资金。企业在加入小米生态链以后，由于得到了小米的综合支持，财务自由空间较大，打磨产品时间周期大大延长，这就保障了产品的质量，提高了创业的成功率。同时，小米坚持长期战略，上市之前不分红，小米的股份留存在企业中，可以作为企业存续发展的资金。

组织模式，和而不同

生态链体系是一个逐渐发育的庞大组织，如何处理好体系内部的各种关系？小米的原则是“充分合作是大方向”——一定范围的适度竞争是一种正常的成长方式，可谓“君子和而不同”。充分合作体现在生态链企业之间基于技术、标准、市场的协同合作，基于共同目标客户群的共享销售渠道，基于产品类型的共享供应链，基于产品特征的产品线融合与弥补的新品研发。在小米生态链中，各家企业有着较高的配合度。各企业彼此也存在基本的信任，因此无须花时间进行了解和熟悉，从而节约了时间成本。也正是出于这些原因，小米生态链上种类繁多的产品才有了更多合作与互补的机会和空间。

案例

智能摄像头、音箱

小米绝不会把某种产品限定给某家企业。小米最初把智能摄像头这个产品交给小蚁打磨，但小蚁推出的智能摄像头始终不温不火。后来小米又投资了创米，创米推出的智能摄像头打破了市场的平衡，市场反馈良好。再如，小米音箱有好几家企业争着做，各自有不同的打法和特点，小米也不干涉。

一些生态链企业在生产小米、米家品牌的同时，也在发展自有品牌，实现“小米生态链 + 自有产品链”双轨道运行。例如，小米生态链中的独角兽公司华米和润米就很好地诠释了双轨道的运行方式。

生态链各企业的产品在大品类上有重合时，小米坚持“不划地盘”。热门产品谁有能力就谁做，最终靠市场来做出选择。小米坚信，内部竞争是为了对抗外部压力，生态链更像是护城河，很好地为小米系列产品做有限保护，但是护城河不能降低产品对消费者和市场的吸引力。当然，基于战略思考，生态链企业之间在技术、标准、市场多个维度充分合作，围绕目标客户群共享销售渠道，围绕产品类型共享供应链，围绕产品特征进行产品线协同、借鉴新品研发经验，小米认为竞争与合作并不矛盾，关键是处理好两者关系，做到适度有序，才能达到建立最广泛的统一战线，共同应对外部挑战。

小米产品与生态链产品系列相互引导、相互支撑、取长补短、相得益彰。小米对于生态链产品首先是采用了“洒向人间都是爱”的原则，用七大赋能方式（详见第 4 章）给予生态链综合孵化，新产品是否能成功与企业是否有创业思考，是否具备产、研、销综合协同能力有密切关系。在创业能力与经验的传授上，小米还创立了谷仓爆品学院，专门用于给生态链企业“传经送宝”，小米通过自身强大的营销能力与供应链能力的加持，让生态链企业专心于新品研发、新技术的跟进，让生态链企业的技术黑马全力突破行业痛点，研发出让人耳目一新，又爱不释手的新品。反过来，生态链产品的成熟与放量，又会给小米手机带来一定的市场呼应，因为小米与生态链企业的用户是同一批人，核心还是小米粉丝。雷军说过，小米要做的就是粉丝需要的产品。从这个意义上来看，如果把粉丝作为小米战略的第一驱动力，小米的产品体系就是小米战略的第二驱动力。

生态链内部的产品之间可以存在适度竞争，经过市场验证，各自保持自己的特色，实现和而不同的目的。小米认为适度竞争，或许有利于小企业提高自身的免疫力与生命力。商场如战场，只有经历过硝烟与炮火的战士才能成长为将军，小米对待生态链企业的竞争始终保持着战略性的宽容、胸怀与耐心。

组织创新，竹林生态

小米生态链管理与组织模式的形成有着明显的时代背景与行业背景。时代背景是移动互联网的兴起加速了商业世界的发展，市场竞争加剧，企业组织创立与消亡的周期在不断缩短，专业化在不断深化；行业背景是小米的主业主要围绕着手机逐渐扩张到消费类电子产品，产品技术迭代迅速。为了应对这两大背景带来的矛盾，小米从竹林生态中得到了极大的启迪。韩鲲教授针对企业发展的四个阶段，提出了“竹子原理”。他认为，竹子的生长周期大致可以分为四个阶段：地下竹笋期、地上幼笋期、成竹期、衰退期。在地下竹笋期，竹芽借助发达的根系，疯狂地吸收养分，破土而出，进入地上幼笋期。幼笋不断生长，成长为一棵成熟的竹子。随后，成竹转向衰退，在这个过程中，成竹通过根系在其他区域生长出更多竹子。企业的发展也相应分为四个阶段：初创期、成长期、成熟期、衰退期。企业要想蓬勃发展，必须经历一个蛰伏阶段。

受竹子原理的启发，小米归纳了生态链企业的三个特征：共生、互生与再生。共生是指在整个生态系统中容纳了众多特征相近的独立生命体；互生是指生命体（生物之间）有着相互竞争，又相互合作的复杂依存关系；再生是指在大生态系统中，每个个体都需要接受环境的考验与筛选，个体只有不断进取，才能生存发展。

地下决定地上，根部决定生命，小米给予生态链企业整体、持续与有效地赋能促进了小米生态链的自我循环，生生不息。在小米生态链中，孵化初期的新生命分享了小米的红利；中间阶段是价值放大器的阶段，生物体相互依赖，相互增值；最后，它们不断创造新价值，通过再生和进化创造新价值、新形态。

总结：竹子、竹林与竹林生态

小米生态链组织、机制与管理体系的创建，离不开移动互联网这一时代背景，也离不开小米第二条战略曲线需要拉高和挺进物联网的周期需求，更离不开小米组织需要成长及战略扩张的内在诉求。如何才能完成这一历史性的组织跨越？我们用竹子、竹林与竹林生态来诠释小米生态链组织需要处理的两对核心矛盾。竹子代表了生态链各创业企业的个性活力，竹林代表了小米生态链整体组织的共性和谐，也代表了各创业企业的业务拓展地面成长；竹林生态则代表了竹林生态系统根系扩张的地下支撑，寓意着小米生态链创业企业是由其职能中台和小米集团后台实现综合赋能与规避风险的。

竹子的个性活力与竹林的共性和谐，既有矛盾性，又有统一性，是一对辩证的统一关系。竹子是一个独立的生命体，保持个性活力才能不断突破与创新，拓展新业务，发现新领域，创造新产品。小米深谙此道，在管理与机制的设计上既要保护好每根竹子的个性活力，又要恰当处理好生态链与各企业、单个企业之间的相互关系，通过充分合作与适度竞争来形成竹林的共性和谐。这对核心矛盾的处理大家都能理解，关键是矛盾双方的分寸拿捏与节奏把控，的确考验着雷军及其主要决策者的战略定力与创变能力。

竹林和竹林生态也是相辅相成的。没有竹林地下的隐性支撑，难以创造与激发竹林业务的地面成长，而竹林业务模式的前期探索与尝试，充满着风险与坎坷，成功率较低，但需要不断探索、尝试与试错；如果竹林业务不能在企业的成长中碰得头破血流、遍体鳞伤，尝尽酸甜苦辣，竹林生态的地下根系就无法找到地下支撑的关键诉求。所以，竹林业务与竹林生态地下根系在相互作用之中逐步进行管理模式与组织模式。

在物联网时代，小米生态链体系是一个新物种、新模式，是一种全新的组织方式。生态链模式在产业发展史上是一种中国式探索，具有时代的创新性。小米通过竹子、竹林与竹林生态的实践拉起了第二条业务战略曲线——生态链上的几百位工程师，将来能带动几百家企业，最终将形成几万人的军团，将会撬动中国乃至世界的几百个细分行业。小米在 7 年之前的战略布局与管理打磨，的确为其当下正在步入的智能物联网时代打下了一个良好的战略基础。

第7章 小米品牌与产品营销

小米在第二战略周期中，在探索与发育生态链的同时，也在不断探索战略营销升级。小米的营销模式与策略组合持续创新，创造了其在多个市场与产品系列的辉煌业绩，逐渐打造出全球知名品牌。作为企业整体战略的核心，战略营销的品牌与产品策略发挥了重要作用，帮助小米在国内、国际市场不断提升和发展。我们将在本章以小米战略营销的 IP 品牌策略与产品策略为切入点，探究小米在第二战略周期的平台模式是如何塑造营销品牌势能与产品王国制高点的。

在对小米的 IP 品牌策略进行分析之前，我们先来看看小米品牌策略发展的三个时期。

第一时期：以手机为主要载体，用粉丝战略获取大量用户，产品主打性价比，通过高品质和优惠价格吸引购买。这样，小米完成了发展战略的第一环，拥有了众多粉丝，在本书第 2 章粉丝战略中有详细分析。

第二时期：重点发展生态链，整合大量外部创业团队以及智能硬件卓越团队，以手机为核心，形成手机周边、智能硬件和生活耗材为外围的三级圈层结构，用爆款与产品线延展进一步渗透市场。在品牌策略上提出“新国货”的新口号，并请明星代言进行传播。这个阶段进行了品牌升级，从第一阶段的高性价比到第二阶段的高品质与高设计。在此阶段，小米有意识地提升自己的品牌度，进行品牌升级。

第三时期：5G时代。在战略布局上，小米开始推进物联网战略，小米品牌需要再次升级。从高性价比到“新国货”，再到推出自身的高端系列，小米系列未来将继续拉升小米品牌。任何一家企业在战略布局与推进的过程中，品牌都应该不断拉升，建立高端的品牌形象，尤其是科技产品，更需要建设品牌形象，提升其在消费者心中的认知度。由于小米成立至今才10个年头，与华为、阿里巴巴等企业相比，还需要岁月的积淀与打磨，我们相信小米在品牌策略的提升环节上一定会有更多的投入与积淀。

小米IP营销策略

小米的IP营销策略组合中，包括了明星IP策略与雷军IP策略。小米的战略志向是进入普通百姓的生活中，进入千家万户的家庭生活，所以持续吸引年轻网络用户，引发他们的好感是营销的关键方式。明星IP策略可以不断吸引年轻人，“95后”“00后”进入了消费的主航道，明星对他们在生活等各方面的影响较大，因此明星IP策略就显得至关重要。雷军作为企业创始人，经历传奇，阅历丰富，具有天然丰富的IP文化内涵，其本人也愿意参与和投入。因此，雷军本人的IP是小米的重要营销武器与优势。

明星 IP 策略

在 2019 年小米 9 的发布会上，小米官方宣布王源成为小米 9 和小米手机品牌的代言人。王源是人气少年偶像组合 TFBOYS 的成员，颜值高，有天赋，勤奋努力，热心公益，完美契合了小米 9“好看又能打”的宣传标语，实现了与小米的 IP 融合。2019 年 2 月 20 日，王源发布的一条“终于正式发布了！提前感受了‘战斗天使’的实力，好看又能打，我很喜欢！ Will you ？”的微博在很短的时间内就获得了 100 多万次转发，33.1 万次点赞，24.5 万条评论，在王源的粉丝群体中取得了良好的宣传效果。

小米 9 将电影《阿丽塔：战斗天使》、王源、小米 9 的 IP 形象地联系在一起，三方粉丝共同参与互动，微博“小米 9”话题一经发出，就获得了惊人的 22.7 亿次阅读量和 1282.4 万次讨论，宣传效果惊人。

雷军 IP 策略

雷军作为企业的创始人之一、董事长，对于企业形象的建立具有重大作用，他本人就是一个 IP。作为职业经理人，雷军用了 8 年时间帮助金山公司上市，尽管多年投资经历中有成有败，但总体成果斐然，小米的创立及成功又为他增添了具有无限想象力的传奇色彩。2015 年雷军在印度小米 4i 发布会演讲中的一句“Are you ok”被网友剪辑出来，并编曲填词，在 bilibili 等各大视频网站广为流传。这一行为无形中为雷军增加了“萌点”，丰富了人物形象，也为其带来了话题，增加了流量。

据我们的观察和研究，雷军 IP 策略主要应用于以下媒介当中。

1. 微博

雷军曾经在微博上发布一条“我是手机控”的微博。在这条微博中，雷军晒出他曾经使用过的 59 部手机。小米以此为契机，开始推广“我的手机编年史”微博营销活动，当时有将近 120 万人参与，获得了很好的传播效果。

雷军在 2015 年 5 月 7 日发布微博：“小米创始人全是技术研发背景，我自己也是手机控，我们都希望做让发烧友尖叫的产品。虽然小米用户群越来越大，但发烧友始终是我们最核心的用户群。”这条微博吸引了大量网友关注。

2. 今日头条

雷军在今日头条也开通了账号，并且拥有较高的人气。

恰逢小米 9 上市，雷军于 2019 年 3 月 2 日用小米 9 工程机拍摄照片并发布微头条内容："这是用小米 9 工程机拍的一张 4800 万像素照片放大后的效果。大家猜猜这是什么？"这条内容突出了小米 9 杰出的拍照能力，在当时获得了 346.5 万次阅读，5502 次点赞，7118 条评论，为小米 9 的宣传开了一个好头。

3. 抖音

雷军在 2019 年 1 月 10 日红米 Redmi 与抖音首个快闪店亮相之际发布了自己的第一条抖音视频，介绍了即将发布的红米 Redmi 新机。雷军在视频中说："第一次拍抖音，有点紧张。"这条视频营造了亲切感，为各大网络媒体所转发。该条视频在抖音获得了 78 万次点赞和 4.1 万条评论，令广大网友和小米粉丝津津乐道。

4. 综艺

小米曾以 1.4 亿元冠名大热的脱口秀节目《奇葩说》第四季。在 2017 年 5 月小米 6 即将发布之际，雷军作为嘉宾参与了第 19 期和第 20 期的节目录制，开足马力来吸引青年群体的注意力。"雷军鬼畜掀高潮　康永奇袭马东""雷军被玩坏　何炅喊干爹求表扬"等视频标题十分吸引眼球，增加了视频中小米广告的播放量。节目结束后，雷军在微博中写道："前几天参加了《奇葩说》节目录制，领教了各位奇葩的口才。结束后，大家一起合影，何炅老师拿了部白色版小米 MIX 摆 POSE，帅吗？”雷军借节目热度进一步宣传产品，效果十分显著。

小米产品营销策略

小米手机产品系列

小米品牌旗下的产品目前共有五大系列：MIX 系列、小米系列、红米系列、POCO 手机和黑鲨手机。

1. 小米 MIX 系列

小米 MIX 系列是小米品牌架构中的最高端系列，消费者是一二线城市商务白领、对黑科技要求高的年轻铁杆米粉。MIX 是小米手机价格区间的最高一级。MIX 陶瓷机身是小米的重要标签，滑盖全面屏成为手机屏占比的最强解决方案。2018 年秋季，小米 MIX3 4G 版发布，它采用骁龙

845 处理器，三星 AMOLED 屏幕，拥有 Kryo385 八核 CPU 及 Adreno630 GPU。2019 年 3 月，小米 MIX3 5G 版发布。

作为小米的高端系列，其推广方式独具一格，MIX3 选择在故宫召开新品发布会，这与小米对 MIX 系列产品的定位有密切的联系。小米对 MIX 系列产品的定位是“一面科技，一面艺术”。MIX 系列作为小米的高端产品，承担着拉升小米品牌形象的责任，但目前与中端系列没有拉开间距，高端形象还需要继续强化。选择在故宫博物院召开发布会，一方面显示了 MIX 系列产品的艺术气息与文化气息，另一方面也体现了科技与历史的结合。

2. 小米系列

小米系列在小米的品牌架构中属于中端产品，仅次于最高端的 MIX 系列。其目标用户是对于价格比较敏感，同时又对性能和外观有一定要求的青年群体。我们以 2020 年上市的小米 10 为例，对这一系列产品进行解读。

案例

小米 10 问世

小米10是于2020年2月13日在国内正式发布的。

它是小米10年的集大成之作，也是一部“为了梦想打造的高端旗舰手机”。

技术上，小米10采用高通骁龙865处理器，后置1亿像素AI四摄，搭载MIUI 11系统，使用4780mAh电池，并支持30W有线快充。

外观上，小米10采用左上角挖孔曲面屏设计，长度为162.6毫米，宽度为74.8毫米，厚度仅有8.96毫米，重量208克，并有钛银黑、蜜桃金、冰海蓝、国风雅灰四种配色供消费者选择。

无论从技术上，还是外观上，小米10均比较符合消费者的需求。再加上它是小米为10周年打造的一款产品，有一定的纪念意义，能够激发消费者的购买欲望。

---

3. 红米系列

品牌独立前的红米手机在主打低端手机市场，产品定位为追求体验、高性价比，核心产品定价在千元左右，让更多人拥有智能手机。红米采用低利润、高销量的营销策略。超高性价比为红米塑造了清晰的品牌形象，维持了稳定的用户群体。红米推广采用过有名的饥饿营销，曾与 QQ 空间联动，发动熟人社交，红米曾在 QQ 空间推出“F 码”，用户通过向亲友分享链接获得“F 码”的抽奖机会，而使用“F 码”可以免排队购买新机型，对于一些爆款机型有极强的吸引力。

红米系列手机在小米品牌架构下已经独立，升级成为独立品牌，面向海外市场的全球品牌是“红米 Redmi”。红米 Redmi 已成为小米海外市场的主要品牌，早在其品牌独立前就已经进军印度、巴西及欧洲市场，特别是在印度市场，在 2016 年第四季度夺得了印度智能手机市场份额第三名，2017 年第四季度在印度智能手机市场夺得市场份额第一名。

4. POCO 手机

POCO 是小米 2018 年 8 月正式推出的海外中高端手机品牌，目标用户为欧美、印度等地注重手机性能和性价比的中高端手机使用者。POCO 主打海外市场，印度售价约合人民币 2000 ~ 3000 元，欧美市场定价约合人民币 3000 元以上。POCO F1 是一款价格较低但装配骁龙 845 处理器，主打卖点为高性能和高性价比的中高端手机。2020 年 5 月，小米又推出了 POCO F2、POCO F2 Pro。小米希望通过 POCO 和 Redmi 联合，实现海外的双品牌运作战略，参与世界手机行业的中低端和高端市场竞争。POCO 推广上采用独立的海外发布会，与 POCO 相关的第三方测评文章和视频在国外的手机测评网站、推特、YouTube 上广泛传播。

5. 黑鲨手机

黑鲨手机是小米科技投资研发的主打游戏功能的电竞手机，目标消费者是对手游接受程度高、又拥有足够消费能力的“80 后”“90 后”用户。作为电竞功能手机，黑鲨手机拥有强大的 CPU 冷却功能。黑鲨游戏手机智能游戏 DOCK 不仅可以防误触，还方便玩家在游戏空间里设置手机功能。其卖点与手机定位相匹配，符合游戏玩家的需求，具有鲜明的特色，在消费者心中留下印象。

黑鲨手机价格区间为 2299 ~ 3988 元，在小米的手机产品系列中处于中高端价格。黑鲨手机在小米整体架构中独立于其他产品线。目标消费者愿意为该产品支付更高的价格，因此其较高的定价不会对消费者造成太大影响。这款手机实现了小米产品线的横向拓展。

小米手机产品营销策略分析

我们对小米品牌的产品系列进行了分析。小米旗下各大系列品牌肩负着不同责任，MIX 系列主打高端定位，目的在于拉升小米整体品牌形象。但实际操作中，MIX 没有很好发挥它的作用，没有形成对小米品牌的高端拉升效果。未来是否会由小米系列扮演提升小米品牌的重任？目前小米系列通过传播，已经建立了相应的粉丝基础，未来小米系列可着力塑造高端形象，有助于提升整体小米品牌。

红米系列在整个小米品牌战略中的流量品牌，是小米第一阶段发展的重要支撑。小米当前拥有 3 亿多用户，红米系列有很大贡献，小米销售额中主体部分来自红米。小米在东南亚、俄罗斯、巴西等海外市场也是主力军，同红米一样，小米旗下另一个品牌 POCO 系列也是海外市场的主力品牌，这两个品牌定位属于中端和中低端。目前红米已经从小米整个事业部中独立出来，并且雷军又“挖”来金立集团的前任总裁卢伟冰担任红米品牌总经理。红米作为流量型产品，对第一阶段小米的崛起功不可没，帮助小米在国内市场（尤其是三四线城市）和海外市场扎稳根基，未来它仍是小米用户群的基础。

黑鲨系列手机细分品牌比较成功。小米团队多数由研发工程师组成，IT 人士本身很多是游戏爱好者，他们非常了解游戏发烧友的痛点和偏好。黑鲨手机的一个重要功能就是散热，对手机 CPU 的性能有很好的保护作用，这对长时间玩游戏的用户来说非常重要。基于黑鲨系列目前的用户基础，我们认为小米的策略是深扎这个市场，成为细分市场领头羊。

生态链的典型产品与经营特色

1. 华米

主要产品（见表 7-1）：

表 7-1　华米主要产品

品牌	主要产品
小米品牌	小米手环
Amazfit 品牌	智能运动手表、米动健康手表、米动手环、米动健康手环、米动手环 · 月霜、米动手环 · 赤道、龙支付 · 米动手环、可穿戴动态心电图记录仪、运动速干 T 恤、轻量保暖抓绒外套、羚羊轻户外跑鞋、全压胶防风透湿冲锋衣

发展历程：

2013 年 12 月，黄汪在合肥高新区创立华米，定位为智能可穿戴设备公司。

2014 年 1 月，获得小米科技和顺为资本的 A 轮投资，成为专注于智能可穿戴领域的小米生态链企业。

2014 年 7 月，发布第一代小米手环，以高性价比切入智能手环市场成为爆款。

2014 年 12 月，获得高榕资本、红杉资本、晨兴资本（现名五源资本）、顺为资本共 3500 万美元的 B 轮投资，公司估值超过 3 亿美元。

2015 年 9 月，推出自有品牌 Amazfit，定位中高端市场，主打“运动、健康监测”概念，探索品牌独立化道路。

2018 年 2 月 8 日，华米科技在美国纽约证券交易所上市，股票代码 HMI。上市一月有余，企业市值围绕 7 亿美元波动。

2019 年前 3 季度完成销售额 37 亿元，年增长率超过 30%。

经营特色：

打造中高端产品，自有品牌运营，市场空间巨大。华米使用 Amazfit 品牌来推广公司自有品牌产品。公司通过针对中高端用户，提供不同的功能和设置不同的价格，将自有品牌产品与小米可穿戴产品区分开来。华米团队汇聚了多国人才，吸引了来自微软、谷歌、联想等国际性科技企业的大量高端人才加入。

自主研发，整合医疗行业价值链。华米在医疗健康领域取得了重大突破。在医疗健康领域，华米成立了全资子公司安徽华米健康医疗有限公司，致力于研发系列医疗级可穿戴设备及软件，出品的米动健康手环具备了心电图监测功能。健康手环可为患者监测健康、急救呼叫，未来发展空间无限。在硅谷设立工业设计及前沿技术研发中心，在北京成立互联网运营中心、在深圳成立供应链管理中心，整合全球人才资源，打造了一个具有全球领先水平的国际化设计、研发和运营团队。华米科技发布了全球可穿戴领域的第一颗人工智能芯片——“黄山 1 号”。这颗芯片基于 RISC-V 指令集架构开发，并且集成了 AON（Always On）模块控制器和神经网络加速模块，还可以自动将传感器数据搬运到内部 SRAM 之中，让数据存储性能更快、更稳定。

2. 智米

主要产品（见表 7-2）：

表 7-2　智米主要产品

品牌	主要产品
米家品牌	米家互联网空调（一级能效）、米家直流变频落地扇、小米米家空气净化器 2S、米家空气净化器 Pro、米家空气净化器 MAX、米家 PM2.5 检测仪
智米品牌（自主）	智米除菌加湿器、智米全直流变频空调、智米智能马桶盖、智米轻呼吸防霾口罩、智米多效防霾汽车空调过滤器、智米电暖器、智米车载逆变器、智米纯净型加湿器、智米新风系统、智米自然风风扇、智米轻呼吸防霾口罩儿童款、智米电暖器智能版、智米 PM2.5 检测仪

发展历程：

2014 年 6 月，智米成立。

2016 年，智米电风扇销量突破 16 万台。

2016 年，智米创下销售 200 万台空气净化器、中国市场占有率排名第一的纪录。

2017 年，智米发布售价为 4399 元的全直流变频空调。随后，这款做工扎实的产品获得 Good Design Award（日本优良设计金奖）和德国红点设计奖。

2018 年，智米打造了米家互联网空调。

经营特色：

打造成为小米生态链企业。小米生态链企业参与到产品的研发当中，成为米家空调的制造商。

使用爆款思维，打造智米品牌。小米采用单品爆款策略，摒弃机海战术——用一款爆品主攻市场，用两到三款产品辅助推向市场。在推出爆款米家空调的同时，保持智米自有品牌。

洞察用户需求，整合行业优质元器件。智米重视产品的顶层设计，企业技术团队精干、眼光独到，擅长洞察消费趋势，按照用户需求设计，并邀请产业链合作伙伴协同研发，整合行业内的先进技术，选用优质元器件，力求打造精品。

3. 云米

主要产品（见表 7-3）：

表 7-3　云米主要产品

品牌	主要产品
云米品牌	智能冰箱、智能油烟机、互联网净水器、全屋智能净水系统、全屋智能空气净化系统、互联网蒸烤一体机、互联网洗衣机、互联网冰箱、互联网油烟机、互联网燃气灶、云米小 V、互联网扫地机器人、互联网风扇、管线机、互联网魔镜、互联网电热水器、互联网燃气热水器、互联网洗衣机、中央水处理系统、互联网洗碗机、互联网燃气热水器、互联网电热水器

发展历程：

2014 年，云米成立。

2016 年，云米净水器荣获中国优秀工业设计奖金奖。

2017 年 9 月，云米获得“广东省互联网智能净水器工程技术研发中心”资格。

2018 年 6 月，云米发布 ERO+AI（将电渗析应用到家用领域 + 人工智能）净水技术。此项技术除了满足用户干净、安全饮水需求外，还保留了水中的部分微量元素和矿物质，并且通过设定程序和 AI 传感器，实现水质实时可调。

2018年3月，云米在AWE（中国家电及消费电子博览会）发布了AI油烟机、洗衣机、洗碗机等11个品类20多件新品。

2018年9月，云米向美国证券交易委员会提交IPO申请，拟最多融资1.5亿美元，融资金额将用于研发、销售和营销计划，潜在的战略投资和收购，以及一般公司用途。

2018年9月25日，云米在美国纳斯达克上市，股票代码“VIoT”。

经营特色：

主要体现在解决净水器行业级痛点上。在云米开始做智能净水器前，市场已有的净水器都或多或少存在漏水问题，如果云米不能解决漏水问题，而是避开这个核心问题只做微调的话，也断然不会有市场。云米集中跨专业团队针对用户痛点进行技术改进，同时试验三套模具、三种方案，同时推进，平行试错，不断改进材料，最终研发出立体集成水路，获得了前所未有的竞争力。

总结：远见与远行

小米借助风口与粉丝完成了第一周期的战略，当时的雷军一定在考虑第二周期的战略如何设计，同时他也在思考如何才能拉起第二条业务曲线。从产品线的整体架构来看，小米手机的放量只是完成了纵向的深耕，小米必须建立起横向的产品体系。围绕着固定的用户，小米逐渐探索出了手机周边、智能硬件与生活耗材等生态链延展三圈产品系列。生态链产品将不断创造小米产品整体框架中的横向想象空间。小米的目标似乎逐渐清晰为与用户生活、起居密切相关的智能家居系统。这体现了小米的远见，也是小米开始远行的标志。

这种远见体现了雷军对商业模式的时代创新。从 2013 年底生态链开始创立算起，至今已经 7 年有余。回顾这 7 年多的发展历程，我们不得不钦佩雷军所具有的时代性远见——创立生态链体现了雷军对新一代商业模式演进的预判与直觉。从产业发展史来看，创新性商业模式一定是围绕着技术进步、运营高效与组织成熟展开的，这里最核心的一对矛盾就是效率与价值。价值即客户价值，客户认可的价值，而客户价值主要体现在市场放量上。这是矛盾的主要方面，也是实现商业模式创新的核心与本质。效率是实现价值的一种手段、方法，技术的周期性进步往往会时快时慢地提升着效率。另外，创新性的商业模式选择与实践也可能提升效率。在小米的第一战略周期中，雷军发现小米的核心价值是实现粉丝的参与感、价值感与存在感，借助移动互联网的风口，实现了社会化营销。在第二战略周期中，小米的价值在空间上是粉丝对产品高颜值、高品质与高性价比的理性需求，在时间上是粉丝持续性、高频次与高黏性互动的感性需求。雷军的远见是选择了最具效率的方式——用小米手机的成功基因和方法论，启蒙与赋能广大有创业抱负的生态链小企业，建立了最广泛的统一战线，最终为满足用户对未来生活方式和中高端智能家居系统的需求。

站在产业发展的长河中思考，从工业时代的福特、通用到丰田，到 PC 时代的微软、IBM 和亚马逊，再到移动互联网时代的苹果公司，每一种商业模式的创新都是围绕着价值与效率两个基本点，在时间和空间两个维度之间展开的。福特通过标准化、专业与大规模生产高效率地把 T 型车的价格压到了 850 美元，创造了客户的高价值；通用通过多品种、多价位满足了客户多样性、多层次的价值需求；丰田则通过 J.I.T（Just in Time，适时生产管理系统）方式与精准性深度分销方式的有效协同，实现了大规模个性化定制的运营模式，高效率地实现了市场规模层次的客户价值。小米生态链的实践与探索，正是紧紧扣住价值与效率这两个关键点，牢牢抓住粉丝与客户的需求与痛点，通过高效率的赋能与孵化生态链，用生态链更长、更宽、更专业的产品线，更高效率地满足用户更多、更久、更新的价值需求。

远见体现了雷军对管理模式的时代创新。研究与思考小米生态链的组织体系和管理机制的实践，雷军及小米的远见主要体现在开放与释放两个关键词中。

开放是指生态链管理模式对生态链企业创业团队责、权、利的大开放。开放需要眼光、胆略、胸怀，更需要方法论。开放包括利益开放和能力开放两个方面。利益开放具体体现在小米对生态链企业的“帮忙不添乱”“建议不决策”与“参股不控股”；能力开放就是小米给予生态链企业的七大赋能。小米生态链的多家初创企业团队都是从小米手机体系调拨过来的，拥有资深技术背景的种子选手，生态链的管理团队也是由刘德带领的经验丰富的赋能人员，有他们的示范、引导、辅助与支撑，小米生态组织才得以顺利孵化。

释放主要指小米生态链管理模式对小米全体员工创造力的大释放。小米作为互联网起家的高速增长的年轻公司，一直都在奔跑，高效经营与高效市场拓展一直是其文化的主旋律。生态链企业管理复制了小米体系中这种最大程度释放管理人员、技术人员与普通员工能力的文化基因。我们在与小米管理层的接触中，深深感受到那种年轻人特有的激情、活力与责任感，也感受到了融化在他们血液中的创造力与创新力。互联网企业的员工年龄普遍较小，思维活跃，无拘无束，而小米生态链的企业规模本身就比较小，它的优势就是灵活、善变，因此可以快速适应外部变化。可以说，小米对生态链是收放自如的。充分授权，最大限度地尊重一线人员、基层人员、技术人员与创业人员的积极性，激发每一个人的创造力，释放每一位员工的能力与创意，已成为镌刻在每一位小米管理者心中的基本原则。

远行是一种战略承诺，需执着地、持续地进行投入。小米2018年港股上市以来市值一直不是很理想，数据与现实似乎让小米面临着许多非议。从当前形势来看，其整体商业模式似乎还没有完善。至于完善商业模式还需要多少年，没有人知道。然而，小米作为新一代互联网公司，其未来的潜力与想象空间仍然巨大。作为互联网企业的巨头，亚马逊公司也承受过长期的煎熬与考验，其近20年的亏损就是一个证明。因此，小米生态链的实践也注定是一次充满挑战的远行。

眼下手机市场种类繁多，市场竞争正酣，5G手机相互搏杀的序幕正在徐徐拉开，寻找生态链模式的有效策略与有力支撑似乎也迫在眉睫。我们能够想象小米决策层承受的压力在逐步加大，越是在这种复杂与焦灼的竞争面前，就越需要雷军及小米核心团队淡定、平静与理性。正如哈佛大学潘卡·盖莫沃特（Pankaj Ghemawat）教授所持的观点："战略是一种坚持不懈的承诺和投入，是一种义无反顾的献身。战略之所以必须坚持不懈，是因为它投资的要素具有持久性、专用性、不可交易性。"从这一经典观点来看，在发展方向清晰之后，考验小米的是其在漫长的远行中的持久力、耐力与慢的能力，同时又要具备高速增长力、爆发力与快的能力。

远行是一种战略把控，需掌控好收放幅度、快慢节奏。企业经营总要面对错综复杂的多种矛盾，小米在其战略升级中也需要处理多对矛盾。手机芯片的研发投入与生态链的投资、线上网络与线下渠道、国内市场与国际市场、中低端放量产品与高端品牌打造产品，这些都需要小米对顺序、比例等各方面进行合理拿捏与掌控。小米在远行的过程中需要把控好收放幅度与快慢节奏。

收放幅度是指大放小收。大放具体指许多生态链公司发展迅速，已经成长为较大的体系，有较大的规模，同时也在培育自己的延伸公司或子公司，这需要更高的引导与赋能的效率。通过竹林生态引导与赋能给正在扩张的竹林，小米生态链的赋能团队在生活智能与智能家居的大产业中实现更广范围的影响。小收则是指将资源适当聚焦在短期能够放量的生态链企业上。

快慢节奏是指在生态链的扩张中，根据外部市场的变化与内部资源的条件周期放缓或加速生态链发育，控制好生态链企业的数量与质量进度，宁缺毋滥，欲速则不达。具体来看，小米在 2017 年与 2018 年适度放慢了脚步，2019 年又在加快生态链的布局，这种节奏的把控让小米掌控了战略远行的稳定感与平衡。

战略 3.0

迭代升级，创建未来商业生态

从2015年到2016年，小米经历了一场销售业绩的滑铁卢。小米2018年提交的招股书显示，2016年其手机销量为5541.9万台，较2015年的6654.6万台下降了16.7%，这距离雷军所计划的1亿台的销量相差甚远。

为什么小米会出现这种问题？究其原因，首先是销售渠道问题。互联网营销的高额业绩让小米尝到了线上销售的甜头，这使得小米越来越重视线上销售，从而忽视了以实体店为代表的线下销售。这导致小米在市场销售上形成了误判，没有及时察觉到线上销售已趋近饱和，未能及时调整策略，因此在当年的市场竞争中错失了良机。

其次，高性价比不再是小米的竞争利器。在中国手机市场中，华为、OPPO、vivo等以线下销售为主的品牌全面渗透，增长迅猛，不断动摇着小米的市场地位。另外，随着消费者消费观念的转变，2000元以上的手机产品销量增长了近30%，小米主打的中低端手机销量增速却十分有限。这就表明，性价比并非是消费者选购手机的唯一标准。

最后，小米本身的供应链也存在问题。2016年由于芯片供应商出现一些状况，小米所用的骁龙820芯片供货不足，直接影响了小米的产量，当时小米5的月产量只有70万台。这就导致了小米产能无法即时满足用户需求，销售惨淡。

惨淡的销量使小米马上意识到了自己的商业模式存在的缺陷，小米开始加快推进生态链战略布局——小米发布了其生态链品牌米家，将其业务范围不再局限于手机，开始突破业务边界，尝试打造形成聚焦于“手机周边、智能硬件、生活耗材”的生态链。在这个过程中，小米一方面通过生态链企业的优质产品继续吸引新用户，完成“人与物”的联结，进而加大粉丝体系“人与人”的联结；另一方面，开始用智能硬件提前布局物联网，为下一阶段实现“物与物”的联结打下基础。简言之，小米开始明白一味地依赖互联网营销方式并不是长久之计。要尽可能扩大企业边界，在构建企业生态链的基础上，小米开始尝试向生态型企业转型，而转型的第一步，就是努力扩大企业本身所拥有的综合渠道空间，进行渠道升级。

根据小米公布的2019年上半年财报，小米集团在2019年上半年总收入957.1亿元，同比增长20.2%。与此同时，小米抵御风险能力也在逐步提高。从2019年第二季度业绩来看，小米的现金储备总额511亿元，稳步增长。研发方面，小米也增加了各方面的研发投入，并扩大了投资，调整优化企业结构，以便在未来的市场竞争中抢占先机。在用户方面，依然保持了增长趋势。截至2019年6月30日，MIUI月活用户已经达到2.79亿。此外，小米在IoT平台上的连接设备数已经达到近

1.96 亿台。众多数据都在陈述这样一个事实：小米一直保持着世界领先的地位。

自 2010 年小米成立起，在短短 10 年中，小米实现了从 0 到 1，从 1 到 100 的多次突破。2019 年，小米成为世界 500 强企业，也是 2019 年榜单中成立时间最短的公司。2019 年第三季度，小米营收 536.6 亿元，调整后净利润 34.7 亿元。2020 年，小米再度荣登世界 500 强企业榜单。这一切数据都说明，小米的渠道升级和新零售的营销战略均取得了傲人的成绩，符合市场环境规律。不论渠道升级还是新零售，都是为了布局物联网、创设生态型企业这个大目标。

雷军在小米 2020 年新年全员信中指出，小米已经明确了“5G+AI+IoT 下一代超级互联网”的战略方向。在雷军看来，5G 并不仅仅代表手机的网络性能，AIoT 也不只是 AI 技术或 IoT 平台。雷军认为，“5G+AIoT”是一种“贯穿集团全产品、全平台、全场景的服务能力，是小米互联网基因在新时代全面爆发的‘题眼’”，也是小米“真正为用户带来智能科技美好生活的关键”。经过一年的实践，小米的优异成绩充分验证了这一战略方向的可行性、正确性，以及战略投入的必要性。雷军表示，在未来要对这一战略进行加码升级：“在‘5G+AIoT’战场上，未来 5 年我们将至少投入 500 亿元，要把 AIoT、智能生活的持续优势转化为智能全场景的绝对胜势，彻底确立智能时代的王者地位。”

小米在进入战略 3.0 阶段之后，依然会加速冲刺，迎接新的挑战。2020 年是小米 5G 业务的冲锋之年，更是小米移动“手机 +AIoT”双引擎的关键之年。未来的世界，一定是万物互联的世界；未来的小米，一定是生态型的小米。在雷军的带领和布局下，小米还会带给广大粉丝与中国制造业怎样的惊喜，让我们拭目以待。

第 8 章

小米新零售战略与布局

马云在 2016 年 10 月首次提出了新零售的概念，而早在 2015 年 9 月小米就已经在北京当代商城进行线下试水，建立了第一家小米之家。随着新零售的拓展，小米线下经营早已初具规模，初见成效。2017 年 5 月 28 日，国内第 100 家小米之家登陆上海怡丰城。按照我们的分析，小米在线下的试水就是新零售战略的开端，也是小米第三条战略曲线的发端。

我们先来了解新零售出现的背景。

首先，手机市场线上零售逐渐趋于饱和。经过几年的发展，线上资源这块巨大的蛋糕被各大公司瓜分，如今增长速度十分缓慢。其次，线下移动支付越来越普及。随着线下移动用户越来越多，线下移动支付的普及率也随之快速提升，使用线下移动支付的场景范围越来越广，如商场、公共出行、互联网消费，等等。我们可以看出，移动支付所具有的随时、随地的特点，可以更好地为用户带来便利。最后，中国新生代与新中产的快速增长，人均可支配收入持续增长，消费者更希望通过线下方式享受购物体验。

小米拉起第三条战略曲线，以小米商城、小米之家为主大力发展新零售业务，也是不断滋养与加深第一条战略曲线粉丝模式与第二条战略曲线生态链的关键举措。

2015 年到 2016 年，小米手机业务明显下降，成长乏力，遭遇瓶颈。业绩顶尖时很多人对小米模式提出疑问，认为小米模式也是昙花一现的商业模式。小米通过产品升级、发育生态链和新零售的探索等一系列措施打了一场漂亮的翻身仗。到 2017 年，小米恢复了业绩和市场地位，续写了小米神话。小米重回行业领导前列来自整体战略重构，小米的战略举措（“铁人三项”）包括：第一，加大基础智能硬件投入，促进生态链的发展，帮助小米源源不断开发新的高性价比产品；第二，提升互联网增值服务（金融、文娱、游戏、其他增值服务）；第三，新零售探索。这个“铁人三项”体系拥有强大的协同效应，新零售作为其中重要一环，是小米战略的第三条战略曲线，再次加强了小米战略的整体动力，不断支撑着小米业绩的持续提升。

小米新零售的双重布局

2015年是小米的转折之年，也是小米之家登上商业舞台的关键之年。在2015年之前，小米的销售主要通过电商进行，小米之家则承担售后、线下体验等职能。2015年对小米而言，形势非常严峻，销售难以完成当年既定的8000万台目标，于是小米开始寻找线下销售的突破口。小米将小米之家从服务店升级为零售店，通过入驻核心商圈拉动销售。

雷军在小米之家创立初期的2017年，就曾反复提及小米之家的目标：力争3年内开设1000家门店，5年内营收力争破700亿元。目前小米已经在北京、上海、广州、深圳、南京、成都、武汉、珠海等几十座城市部署小米之家。据小米官方透露，2018 年时小米之家的平效高达 27 万元，仅次于苹果专卖店的 40 万元左右。现在，在小米之家的基础上已经衍生出了几种不同的经营模式：授权店、直营店（专卖店）。这几种经营模式发展前景一片明朗，销售业绩节节攀升。

小米目前的新零售模式包括线上、线下双重布局。线上主要以**小米有品**为主体，主打精品电商，线下主要依靠**小米之家**。通过线上与线下同价模式，依托小米生态链提供源源不断的产品，小米之家在短短两三年间火爆中国零售行业。同时，小米之家成了小米粉丝聚合的重要线下阵地。

小米如何经营线上与线下两种布局？我们将进行详细的解读。

线上布局

1. 线上基础：小米商城

小米商城主打小米手机、平板等科技数码产品，除此之外，也涉及周边生活产品，例如箱包。这些产品主要为小米自身手机及部分生态链企业产品，包括 IoT、云服务、小米有品等，所有商品都由小米直接发货。

2. 线上延展：小米有品

小米有品与小米商城的模式大同小异。我们从小米官网的信息中可以得知，小米有品是小米打造的一个开放式生活购物平台。除了小米、米家及生态链品牌，小米有品现已涵盖家居、日用、餐厨、家电、智能、影音、服饰、出行、文创、健康、饮食、洗护、箱包、婴童等品类。

小米有品于 2017 年 4 月 6 日米粉节上线。作为精品电商平台，小米有品注重每一个细节。小米有品采用了多品牌合作的模式，除了小米和米家的产品，也有第三方独立品牌。小米有品还引入了拥有设计、制造、销售、物流、售后等完整链条能力的第三方品牌产品。小米有品扶持第三方品牌独立发展，共同服务于用户。围绕粉丝与用户寻找更大市场空间，但现在看来，小米在这一渠道收放效果还不明显，距离战略目标有一定的距离，还需要更深入布局。

线下联结

1. 线下高端：小米之家

在小米内部流传着这样一句话："想要理解小米，就必须到小米之家去转一转，那里才是小米的未来。"在移动互联网时代，每个人都通过智能手机相互联结，零售业亦是如此。只需一台智能手机，零售业和消费者之间的距离就会被拉近，线上和线下已经接近完全融合。移动互联网可以在消费者与消费者之间、企业与消费者之间形成信息互动，形成强大的关联网络，实现信息的即时传递。这意味着每一个移动互联网用户都是价值创造者和潜在消费者。通过移动互联网可以进行品牌创建、品牌推广和品牌营销。大数据在这里发挥了重要作用，它是未来零售业新格局中最重要的部分，零售商的角色也将从传统的商品经销商转变为数据供应商。

小米在前期的发展阶段，积累了大量的粉丝群体。在前面的章节中我们曾经分析过小米的五种社群和活动形式金字塔结构，包括基础粉丝群、米粉节、技术发烧友与高校俱乐部、同城会，以及小米家宴，这些都为小米赢得了大量的粉丝。小米的品牌文化是让粉丝与小米公司共享、共创品牌，这也是小米独特的模式。小米现在实施的新零售战略是通过线下小米之家等模式门店的建设与推广，将线上粉丝引到线下，把线上的流量转移到线下，实现再次聚合。小米之家通过选择人气商场、线上集粉、线下体验、活动联结、口碑落地的方式，再次深度联结粉丝，提升品牌。

小米之家不仅是线下销售的专卖店，更是小米聚合用户的又一个重要渠道。线下门店集展示、体验、销售、社交、互动为一体，小米用户可以深入体验产品功能、品牌调性、参与活动。不难想象，一群有着相同爱好的人，在小米之家的体验过程中，对品牌的忠诚度也会相应提高。

2. 线下延伸：小米直供店

小米直供店是小米新零售布局系统中比较特殊的一环，也可以说是进入小米新零售门槛最低的一个。它主要采用粉丝化的模式，而店主基本上是小米铁粉。小米直供店是小米公司新增线下销售渠道的一种尝试，通过这种方式，实现个人卖家向小米的直接订货，以官网报价统一采购、统一发货，小米公司会按照小店的销售业绩向经营者支付报酬。采用这样的经营方式，小米的目的在于实现渠道下沉，实现在四五线城市的布局。

小米新零售的“三极跳”

所谓小米新零售模式的“三极跳”，就是追求极佳生活方式、追求极限业绩目标与追求极致现场体验。生活方式是粉丝与用户追求的大方向，业绩目标是高效率的理性标准，现场体验则是高情感、高文化的感性诉求。

极佳生活方式：顺应消费升级，引导高端品位

消费升级已成市场大势。雷军认为，消费升级不是产品卖得越来越贵，而是指用同样的价格可以买到更优质的产品。2017 年时小米之家的商品种类就有 300 多个，要简化 SKU（Stock Keeping Unit，库存保有单位）并不在于砍掉商

品品类，而在于削减产品的品牌数量。换句话说，消费升级就是构建高端生活方式，追求精品，“少就是多”，这成了小米新零售战略的清晰定位与方向。

小米之家的前端是广大粉丝群体，后端则是庞大的生态链企业产品系统，小米之家自然成了联结用户与产品的纽带。在小米之家的作用下，粉丝战略与生态链战略实现了有效对接，相辅相成，最大化地放大彼此价值。小米之家具有多重功能和作用：对用户而言，小米之家是用户了解并亲身体验小米生态链产品的重要平台和场所；对小米生态链企业而言，小米之家则是洞悉用户需求、知晓用户反馈的重要途径。小米之家基于精良的品质，营造高端的生活品位，减少 SKU 数量，减少用户选择难度，确保商品个个是精品，“让粉丝闭着眼睛就可以买”的定位引导着小米新零售的战略方向。

极限业绩目标：四项策略创新，粉丝热衷爆品

新零售实质是一次平效革命。小米之家作为小米新零售的线下主战场，运用了综合策略创新，努力对流量、转化率、客单价、复购率进行了持续提升，实现了新零售业绩线下、线上的同步增长，从而达到了国内手机品牌的极限高平效。

提高流量策略，选址聚焦高流量处。小米之家的选址主要是一二线城市核心商圈的购物中心，优先选择如万达、中粮等知名地产商，获得基础目标流量。同时，小米生态链开发了大量系列产品，包括充电宝、手环、耳机、平衡车、电饭煲、自行车、扫地机等近几十个品类的产品。以小米之家北京通州万达广场店为例，作为当时北京地区面积最大的店，其开业之初店内即囊括品类28个，产品种类270种。虽然像手机这样的产品是低频消费品，但是当上百种生态链产品放在一起的时候，消费者的相关购买机会增多，低频秒变高频。这就是小米敢在租金昂贵的黄金地带大量布局小米之家的根本原因。

提高转化率策略，坚持"产品为王"。小米在初创之时把极致产品作为宗旨，投入巨大成本提升产品设计、选材与质量。同时打造出了独一无二的小米粉丝社群，在新零售三要素中的"人"上发力，围绕小米之家搭建线下、线上互动平台，与粉丝进行交流、互动并持续深化关系，形成依托粉丝社群的庞大用户基础。小米高颜值、高性能、高性价比的产品，配上线下的场景体验，大大激发了用户的好感和购买欲。另外，小米产品的定价策略是线上、线下同价。这一策略是小米之家在新零售领域的有力举措，也是其新零售成功的关键。

小米之家包含的产品主要有三类：主机类产品，包括手机和笔记本电脑，主打高性价比。家居产品及高体验积木类产品，这类产品有较强的品牌属性，依托小米品牌背书。家庭常备科技、家居类产品，这类产品是日常用品，使用频率高。小米之家非常重视不同产品之间的组合，希望通过不同的类型产品搭配，提高转化率。此外小米规定，店长可以选品。小米之家空间有限，不可能将所有产品完全展示，因此店长可以根据门店实际销售情况灵活选品。比如，总部不会让小米之家出售不太成熟的产品，要根据各地差异调整品类，而智能家居产品在有场景化展示的大门店销售比较好，就可以多进相关产品。

提高客单价策略，强化产品关联性与体验感。首先，不同产品间外观与技术的关联性会大大提高购买的连带率。比如，小米手机拍摄的照片可以在小米电视上实时显示，小米空气净化器可以通过小米手机进行远程操控。其次，强化用户的体验感。在小米之家里基本都是顾客主动去找店员进行咨询，店员则不允许打扰客户体验产品的过程。我们经常会在小米之家里面看到这样的场景：一些年轻人在店里随心所欲地打游戏，一些孩子在店里不受约束地体验平衡车。这种放松的体验环境可以让用户充分地了解产品，从而提高购买的欲望。另外，伴随小米生态链的发展，小米之家SKU日益丰富，IoT设备销售占比提升迅速，支撑了小米的客单价。同时小米之家的消费者很容易产生连带购买，买手机同时买移动电源，买电脑同时买小米台灯，帮助小米的客单价不断上升，这也是小米新零售领先的关键原因。

提高复购率策略，经营粉丝忠诚度。小米之家的核心客户是粉丝，持续经营好粉丝忠诚度是提高复购率的关键。小米之家不仅是品牌展示与销售的场所，也是粉丝聚集、交流、活动的场所。小米之家为粉丝们举办了一系列专属活动：每周十几场或者每月几十场不同的专题活动，通过活动满足用户的参与感、体验感，加深粉丝的凝聚力和归属感，进而分享给更多的用户。在整个过程中小米品牌获得强化，粉丝对小米文化得以认同，活动也提供了优惠政策，小米产品的购买率大幅提升，实现了“一举四得”。同时，小米坚持长期的产品策略，打造高性价比爆品，本质是降低消费者的选择成本，做极致产品。因此，小到数据线，大到电视机，消费者都可以毫不犹豫地购买。也正是因为这种产品策略，小米之家的产品复购率很高。

极致现场体验：文化科技同频，感性理性共振

营造清新的视觉与深度体验场景的策略。小米新零售策略是为用户营造一种愉悦的购物体验，让其身处其中达到忘我程度的体验场景。从这一策略中我们可以看到，小米新零售不仅提供产品销售，而且通过全新技术与设计触发、刺激、引导用户需求，把用户的动机、情绪、痛点融为一体，实现沉浸式的购物过程。小米之家整体设计与装修，体现了青春活力与高雅的生活品位，这一独特的场景策略理念，也有别于传统零售。开放式的自由体验引导用户对品牌和产品加深了认同，青春洋溢的店内风格，让用户更加舒适放松，关系的深化让交易成为自然。

利用智能化数据支撑存量变增量的技术策略。我们先对小米之家的设计进行分析。小米之家的设计基于场景，背后则依托人工智能、大数据，借助微视频、网络直播等新型技术的力量，不断优化、完善。消费者在商品搜索、促销信息获取、产品实景体验、购买和下单方面极为便利，通过移动支付、引流技术、体验技术获得了超值的购物体验。小米之家通过移动端设备、后台大数据的相关算法，进行相关分析，提升收银效率，从而保证顾客体验，提升转化率。同时，

小米之家的数据团队，基于场景和需求发出更全域的数据，通过数据综合用户分析，对新零售提供支持。

在门店方面，小米之家开发了 BI（商业智能，Business Intelligence）系统移动端，方便小米店长和区域经理关注门店的运营情况。BI 系统的使用率很高，它可以保证使用者能够实时掌握店内每一时刻的客流状况、销售情况、转化率、连带率和客单价，也包括顾客满意程度及顾客对员工的评价。

在用户方面，小米之家极为重视用户画像。小米之家会全面分析用户对每款产品的关注度、体验次数及喜爱程度，并根据研究数据及时调整商品的销售策略、用户体验设计，以及动态库存。针对用户体验，顾客在店里选购完毕，小米之家会生成一个满意度调查问卷，用户可以针对此次购买行为进行评价，评价内容会实时反馈到小米 BI 系统，店长根据评价内容进行针对性的改善，或是进行针对性的考核。

共创、共享、共情的粉丝策略。小米独特的基因文化是粉丝与小米公司共创、共享品牌。粉丝是小米发展的核心。经过多年的塑造，小米积累了大量粉丝。小米的新零售战略是把线上的粉丝引到线下，把线上的流量在线下再次聚合。这一策略具体体现在小米之家通过选择人气商场、线上集粉、线下体验、活动举办、口碑落地等方式，深度联结粉丝，提升品牌。

粉丝基于小米打造的场景与技术的高频互动活动，得到了极致的用户体验，而小米构建的以粉丝为核心的线下平台，自然就成了粉丝情感归属的“米粉之家”。

小米线下门店是小米聚合用户的又一个重要联结桥梁，线下门店集展示、体验、销售、社交、互动多重功能为一体，小米用户通过小米线下门店深入感知产品功能、品牌调性、参与活动、体验产品。通过新零售整体的塑造，小米在产品销售业绩、用户情感归属、品牌联结等方面都有了质的飞跃。

综上所述，2016 年之前小米的飞速成长依靠的是线上红利，线下渠道成了阻碍其发展的瓶颈。小米洞察到外部环境的改变，及时调整战略，坚守核心优势，充分利用线上积累的大量忠实粉丝，通过一系列布局谋划的策略组合与创新，通过新零售战略再次聚合、交互、引爆，实现了超过市场预期的业绩增长。

小米之家的“三把火”

小米之家的“三把火”，就是“点”粉丝、“燃”爆品、“烧”场景。小米选择点燃这“三把火”的原因在于，新零售涉及人、货、场三个维度。“点”粉丝，就是对人的深刻理解、激发参与感、唤醒自身存在感；“燃”爆品，就是追求产品全新设计、选材更精致、运营更高效；“烧”场景就是对线下、线上场景进行创新性交汇与融合。

第一把“火”——“点”粉丝

人是小米新零售模式的核心，体现在小米对粉丝的深度分析与多频互动，对当下消费者的重新理解。小米是消费电子行业唯一一家把消费者变成粉丝的企业，小米营销成功的基础就是粉丝。小米洞察了消费者的现实需求，传统消费者关注的是功能，当下消费者需要的是温度。小米通过互联网营销聚合了海量粉丝，打造围绕粉丝的商业生态。小米从线上起家，通过电商形成粉丝线上社区。小米之家打造的是粉丝线下社区，通过零售终端再度汇聚粉丝、激活粉丝，点燃与满足粉丝内心渴望被关注、被认可与被欣赏的深度需求。

人是最重要的维度，是第一源头。有了对消费者的分类，货与场就有了方向，有了基础，有了参照系。小米借助大数据，尝试还原消费者的消费行为，并对消费者的购买表现进行全面分析，对消费者进行分类。通过对消费者的分类，小米可以解决以下三个问题。首先，目标人群有哪些。分析目标人群，有助于判断哪些人是小米的潜在消费者。其次，目标人群具有怎样的消费能力。对目标人群的消费能力进行预判，有助于产品的销售。最后，目标人群具有哪些消费特征。小米对这些人的消费特征进行判断，则有助于小米选择合适的产品营销策略及推荐方式。

第二把“火”——“燃”爆品

小米通过生态链源源不断地向市场提供优质的产品，小米通过对消费者的深度解读，看清了消费升级的本质——只有通过价格实惠的爆品，冲击客户的视觉、触觉与感觉，才能满足消费者内心需求的新鲜感与新奇感。

小米坚持低毛利、大规模。例如，小米之家里呈现了多款让人心动的产品，它们都具有高品质、低价格的特点。小米通过高性价比点燃了大众的潜在购买力，发掘了市场的无限潜力，也打造了一个庞大新兴的、数以亿计的消费群体。

此外，小米也认识到，当前国内的消费品尤其是快消品难以满足国内日益增长的新消费需求，不少消费者开始转向国外市场，购买进口商品。许多人对 2015 年中国消费者组团去日本买马桶盖这一幕记忆犹新。这说明我国消费品未来的方向是向中高端市场挺进。这对小米来说也是全新的机遇，因为快消品的品牌忠诚度较低，新品牌易于切入；年轻一代中产阶层对中高端市场的诉求，是下一阶段的快消品升级的主要动力。小米通过生态链源源不断向市场提供优质的系列产品，通过对消费者的深度解读，成为抓住这一先机的幸运者。

第三把“火”——“烧”场景

小米的营销场景是销售产品的场所，也是联结情感的粉丝温情场。小米之家打造了线上粉丝在线下聚会的家园，通过情感联结，米粉在这里找到了回家的感觉。基于对消费者深度洞察，小米精准聚焦目标粉丝，在种类繁多的产品中选择具有针对性的种类。在这样的场景中，小米营销的流量、转化、客单、复购等环节才得以实现。在小米之家，米粉可以一起交流，天南地北的米粉聚集在一起，形成了米粉部落，小米基于粉丝社群建设和情感联结的场景模式，聚合粉丝，燃烧了粉丝心中的文化共振、兴趣同频与爱好相投的“情感之火”。广大米粉在这种热烈又温馨的场景下，产生情感共鸣，在特定场景下触发持续消费。

小米的营销场景自然要基于移动互联网，通过互联网的场景化、社交化特征，催化口碑效应的迅速扩散。网络营销促进小米销售额的节节攀升，而网络的热度和销售额是正相关的关系。

小米之家还需考验

从 2010 年成立起，小米的模式一直是以粉丝和用户为基石。随着商业环境的变换，小米拉起了第二条战略曲线——创新商业模式与管理模式，融合线上线下。这一切都是为了更好地服务于用户，使用户获得更好的价值与体验，塑造小米品牌。所谓万变不离其宗，小米的“宗”就是用户、用户价值，以及用户认可的价值。经过调研小米发现，单纯的互联网营销并不能为企业带来长久而稳定的销量，于是小米开始走上一条渠道升级之路。小米之家是小米进行渠道升级必不可少的一部分，标志着小米除了线上渠道外，还拓展了线下渠道。线下渠道不仅为用户增加了购买小米产品的渠道，还为用户提供了体验的场所。虽然目前小米的渠道布局并不能称为真正的全渠道发展，但是可以明确的是，小米一直以全渠道的布局为目标。

我们认为，小米之家是小米整个全渠道布局的核心，然而小米之家的布局也不是一帆风顺的，中间经历了很多波折。2018 年小米之家的新店的开设速度也较之 2017 年明显放缓。由此看来，小米之家曾在 2018 年左右遭遇挫折。经过研究，我们认为，出现这种情况的原因主要有如下三点。

原因一：商品利润低

延续小米的线上营销策略，小米之家线下实体店仍以高性价比作为核心，高性价比一直是小米的竞争核心策略，因此，线下实体店的商品价格也与线上保持一致。雷军曾做出一个承诺：小米每年整体硬件业务的综合税后净利率不超过 5%；如果超过，小米则把超过 5% 的部分用合理方式返还给小米用户。毫无疑问，用极低的价格买到高性价比的商品，当然是消费者们最期待的，而小米能做到这一点的最主要原因还是线上营销成本低，也就是说，5% 的利润是小米能够承受的。

但是作为线下实体店的小米之家，显然难以承受这么低的利润回报。线上与线下的最大区别在于，线下成本要远高于线上成本。高昂的门店租金、小米之家一般选址在市中心各大商场，室内装饰也不便宜。水电费、装修费、员工工资，再加上其他费用，一间普通的小米之家每月支出不菲。线下的物流、运营费用使得小米之家的运营成本不低，再加之超低的利润率，许多小米之家店长望而却步也就不足为奇。

原因二：销售返点低

小米利润过低，直接导致了线下店铺的销售返点低。这影响了广大小米之家店长和员工的积极性，甚至令他们难以接受。那么，这是不是意味着线下实体店铺不能拥有较高的返点补贴呢？答案是否定的。

我们以 OPPO 和 vivo 为例来具体回答这个问题。在销量好的情况下，OPPO 和 vivo 实体店铺能得到 15% ~ 20% 的厂家销售返点补贴，而小米的销售返点只有 5% 左右，通过小米的业绩考核能多返点 1% ~ 2%。与其他厂家差距过大的返点导致广大小米之家店长的不满，这也成了部分小米之家撤店或投身其他手机品牌的导火索。

原因三：渠道管理把控不足

当时曾有部分小米之家有外销的行为。小米之家拿到商品后，会针对不同的产品降价或者提价卖给其他渠道商，以此获取更高的利润。面对这些乱象，小米一度缺乏有效的管控手段。

新零售“三轮驱动”的秘密

在用户无限多元，极致个性，快速迭代，呈现长尾趋势，追求产品的附加值、审美、品质的今天，消费更加个性化、情感化和社交化。在这一背景之下，新零售的竞争力也发生了变化，主要体现在如何打造用户的极致体验，让消费者主动为体验埋单，同时洞察消费者，反向帮助供应链升级，聚焦与升级更加优质的产品。新零售为今天商业的微观生态带来了巨大改变，从商业层面上来看，新零售将重构商业形态，建立一套全新的商业法则与生态营销体系。

新零售的核心是研究消费者。如何实现消费者在复合消费场景，线上、线下与社群，交易行为的可溯性，从而完整刻画消费者画像，指导厂商生产、备货，是发展新零售的关键。移动端零售的发展，使得购物无处不在，消费场景多样化和便利化，通过基于移动端的营销闭环建设，任何生活场景通过链接都可以转化为消费场景。新零售将取代传统商家——新零售通过技术平台，了解消费者潜在需求和生活方式，为消费者提供有针对性的服务组合，为上游供应商提供精准用户数据信息，支持供应链迭代升级。

单纯注重平效是传统零售思维，在消费升级环境下，新零售更懂消费者。新零售把为消费者创造价值作为出发点，以消费者作为商业模式重构的核心，通过技术升级创造更多的价值，是新零售的基础理念。在传统环境下，零售商与供应商的关系是对立冲突的，零售商与消费者的关系也是相对独立的。新零售打造了持续互动的零售商与消费者的关系，通过线上、线下与社群融合购物新场景，强化消费者全渠道、多场景的购物体验，全面重构厂家、渠道与消费者的关系；同时，在新零售环境下，零售商为供应商赋能，优化产品线结构，与供应商重新建立彼此信任、互利共赢的合作关系。新零售的“三轮驱动”是会员驱动、数据驱动、场景驱动。

驱动一：会员驱动

传统零售关注消费者当下的价值，新零售将关注的重点放在消费者的终身价值上面。在新零售环境下，企业将会员管理提升到了战略高度，将固定会员的经营作为战略布局实施，目标就是打造客户资产。客户资产包括：价值资产，消费者对产品服务的客观评价；品牌资产，包括品牌意识、品牌态度在内的消费者主观评价；关系资产，包括消费者与品牌之间关系的强弱。

新零售把传统消费者变为会员，通过分析会员信息，挖掘消费者后续消费能力，汲取终身消费价值。新零售企业通过会员积分、等级制度等办法，增加会员的活跃度，使消费者生命周期持续延伸。新零售企业通过会员营销，让消费者体验到独有的价值，加深消费者的情感投入，提升消费者黏性。

新零售对会员管理的标准是可识别的、可洞察的、可触达的，阶段性目标是短期可变现的，终极目标是实现可持续变现。新零售通过数据技术可以采集消费者的基础信息、消费习惯、消费能力等数据，对消费者的相关数据进行分类，根据需求和习惯进行推广和互动。如针对近几个月没有到店的“沉睡”会员定向发出活动邀请，请他们参加活动；对消费能力较强但不经常光顾的会员，提供新品与爆品介绍；对经常光顾但消费能力较弱的会员提供优惠活动。小米通过这些方式引导会员重复购买，提升连带率，提升营业额，实现会员变现。

驱动二：数据驱动

新零售的发展需要依托数据支持，阿里巴巴 CEO 张勇曾经说，新零售企业必须是数据驱动的公司。企业建立大数据云平台，终端采集的数据实时传输到云端，形成数据资产，是新零售的业务关键。张勇提到的这些数据涉及用户社会属性、生活习惯和消费行为等多维度内容。企业要掌握和处理繁杂的数据源，包括用户数据、活动数据、电子邮件订阅数、线上线下数据库及客户服务信息。

企业提升的焦点放在如何利用大数据来为精准营销服务，深入挖掘潜在的商业价值。我们在前文提到过“为消费者画像”。企业可以根据消费者画像，深度经营与消费者的关系，基于消费者需求提供精准营销，然后追踪消费者反馈的信息，完成数据赋能闭环。大数据提升企业的运营能力，一方面可以根据消费者需求改善产品，另一方面通过一对一精准服务提升消费者体验。目前很多品牌拥有线下门店，打通线上线下，数据闭环一旦形成，影响巨大。品牌企业大数据系统的建立，提高了品牌的反应速度和效率，数据信息经过分析加强供应链能力，提升企业的市场反应速度，构建竞争力。

小米之家设计的背后是人工智能、微视频、网络直播等新型技术、新媒介，消费者在商品搜索、促销信息获取、产品实景体验、购买和下单方面极为便利，通过移动支付、引流技术、体验技术实现了用户超值的购物体验。小米之家通过移动端设备、后台大数据的相关算法，作相关的分析，提升收银效率，从而保证顾客体验，提升转化率。同时，小米之家的数据团队基于场景和需求发出更全域的数据，通过数据综合分析，对新零售提供支持。比如，通过对客流轨迹、客流密度等数据的分析，为线下货品的陈列提供参考和支持。

案例

经营客户关系的数据公司——孩子王

孩子王是一家数据驱动的、基于用户关系的创新型家庭服务品牌，主营母婴童商品零售与增值服务。

目前孩子王在全国拥有 3000 万个以上会员家庭。孩子王认为，未来企业纯靠卖商品几乎没有生存空间，要将自身定位为经营顾客资产的大数据公司，利用大数据和互联网技术进行运营，才能在市场竞争中占据优势。

孩子王把营销和顾客的数据资产结合，致力于完整的数字化运营，孩子王的特色是建立育儿顾问模式。孩子王的门店销售员都是持有相关证书的育儿顾问，他们都有一个“人客合一”的工具，这个工具可以帮助育儿顾问进行会员管理。孩子王的大数据可以提供顾客的相关信息，比如这位顾客是否达到当月预期购买值，大数据系统经过分析，能够为员工提供精准的服务信息，比如应该什么时间给顾客打电话、某位顾客多久没有激活了、应该怎么激活顾客，等等。

为保障数据支持运营，孩子王建立了数据中台，将资源数据化、电子化。根据领域不同，中台可以分为商品、商品池、用户、订单、库存、触达支付、账户系统、积分系统、领券、发券、促销、红包等。一系列举措都是为了有效盘活顾客的数据资产，最大化实现数据价值。

驱动三：场景驱动

互联网环境下的场景汇合了线上、线下与社群三个维度，通过对用户数据的挖掘、追踪和分析，在时间、地点、用户行为和关系构成的场景中，结合用户信息，为用户提供针对性服务，实现精准营销。

场景营销已成为极具驱动力与威力的营销模式。传统营销场景的思维是仅依靠空间场地，场景营销包含了对用户生活方式的洞察与解读，更可能让用户感受到商家的细心、温度、爱心。场景强化商家与用户的联结，这样就更易形成信任关系。场景汇聚了用户的所有秘密，通过消费场景可剖析用户的深度需求与痛点。正如星巴克老板所说的那样，他们不是在卖咖啡，而是在卖喝咖啡的体验。场景可以为用户带来深度体验，产生情感的共鸣与联结，激发购买欲望，实现转化率的提升，可以聚焦用户痛点提供解决方案，引导用户生活方式的演进。

新零售通过打造完美消费场景为用户提供极致购物体验。传统消费场景单一，消费者必须在店内对商品进行选购。随着新零售的兴起与发展，消费场景也不再拘泥于一种形式，而是变得多样化，消费者也能够体验不同的消费场景。比如，消费者可以在看视频时就通过链接购买自己心仪的商品，方便、快捷。现在的消费模式更多是以消费者为中心的会员模式，支付、库存、服务等方面数据的全面打通，大数据云平台与线上线下商业联合，为用户带来了全联结消费的新型体验。

案例

创新场景的实践者——盒马鲜生

作为新零售的代表企业，阿里巴巴注资的盒马鲜生（以下简称“盒马”）自出现之时，就备受关注。盒马首家门店一天的销售额就达几十万元，线下订单售卖超过 1 万单，客单价高达 70 元，综合平效是传统超市的 4 ~ 5 倍。盒马对市场进行了深入研究，形成了独具特色的场景定位。盒马门店基于“吃”这个场景定位，构建整体零售模式。盒马把消费者复购率较高的生鲜类产品作为切入口，提供大量可以直接食用的成品、半成品等差异化商品，满足消费者对于吃的一切需求。盒马在店内设立餐饮体验中心，通过生熟联动创造消费者体验，消费者在生鲜区购买海鲜，可以在熟品加工区加工现场品尝。

把餐厅纳入实体店，设立体验区吸引流量，让消费者有了更多逛店的理由。这一模式为盒马带来了流量，也增加了消费者黏性。

总结：横切换与纵深耕

小米在新零售领域的探索充分显示出了其卓越快速的横切换。本章详细解读了小米新零售的双重布局，体现了小米对天时、地利与人和三个维度的横切换把控；小米之家的“三把火”体现了小米对人、货、场三个维度的横切换的运作；未来新零售的“三轮驱动”，也预示了用户、数据与场景三大动力源的潜力。

在遭遇滑铁卢之后，小米不断反思，并不断调整战略，探索新零售模式。小米通过向线下渠道高手 OPPO 和 vivo 学习，融合并拓展线上、线下销售渠道，取得了良好效果。2017 年，300 多家小米之家在全国多地落地生根，充分体现小米对横切换的把控，也体现了小米向竞争对手虚心学习的能力。

雷军对新零售的发展方向具有前瞻性。从第一条业务曲线的粉丝战略，到第二条业务曲线的生态链战略，小米完成了从外部市场风口机遇到内部产品根基定力的切换，而在第三条业务曲线的新零售战略中，小米要实现模式上的转变——从线上高效率为主的业务模式横切换到线上、线下效率价值充分融合的新零售模式。这种跨时空、跨场景与跨组织的横切换，显示出了小米的胆略与雄心，也显示了团队与体系的创新力与创变力。

横切换是一种战略调整的设计与创新，这种创新可能只能支撑业绩的高速、短期增长，而持续的、盈利性增长则需要企业在管理上不断夯实。真正的考验在小米新业务模式进行横切换之后，人才、组织、机制与文化等管理模式需要长期的纵深耕、稳健的深打磨，以及长期的慢修炼。

自 2017 年起，小米新零售开始逐渐加快布局与拓展。从近 3 年小米国内新零售的综合表现来看，横切换的短期优势还需要逐渐转化为纵深耕长期的优势。小米在线上模式转向线上、线下与社群的融合模式，在从一二线高端市场转向三四线中低端市场的过程中，过于急于求成，结果欲速则不达。

小米虽然在 2019 年已进入世界 500 强，但当前市场竞争激烈，未来 5G 时代的战役可能还需要小米艰苦积淀。当前的战略重心应该是纵向深耕，在组织与管理上进行补课，适当放缓战略横向扩展的节奏。

雷军在 2019 年曾态度坚决地表示："小米线下的渠道、价格与政策尽可能稳定，尽可能不要折腾团队，用一种休养生息的方法，让高速发展的团队重新稳定下来，并做更深层次的思考。"这就意味着小米已经将发展的步子放稳，对团队、产品、经营策略进行打磨。前几年小米的销售重心在线上，新零售让小米思考线上与线下的进一步融合，也让小米重新重视线下销售："在未来 3 年，小米计划投入 50 亿（元）以上用来铸就新零售铁军，由一手建立小米之家体系的小米中国区副总裁张剑慧为主席，成立中国区线下业务委员会，以此强化对小米线下渠道的经营。"面对小米新零售的未来，雷军与小米一直在思考，一直在探索。

第 9 章

小米试水社交电商模式

在互联网迅猛发展的今天，人与人之间的沟通成本大幅下降，在这个过程中，通过“人—人”关系的社交方式所产生的电商，具有巨大的增长空间。

作为富有远见的决策者，雷军对潜在的风口一直都有超乎常人的敏感度。从当年的互联网营销，到小米赋能生态链，再到大举进军新零售，小米一直不甘寂寞。对于今天基于“人—人”关系兴起的社交电商，小米一直在观察着这一全新领域。小米进军社交电商，正是多条战略曲线组合与全新营销模式升级的创新之举。

社交电商的背景与模式

社交电商崛起的背景

从宏观市场的演变周期来看，我国网民数量巨大，截至2020年3月，已超9亿，其中网络购物用户规模超过7亿。这些互联网成熟度高的潜在用户，是电商发展的庞大群众基础。从商业数据来看，我国社会消费品零售总额逐年上涨，用户消费能力持续提升，这为社交电商的发展提供了强大的经济基础。在以新零售为代表的全新模式中，作为商业主体的“人、货、场”，其含义也在不断扩展与翻新，扮演越来越重要的角色。消费者在过去被称为顾客，今天被称为用户。称呼的转变，使人具备了多种角色——从过去单纯购买商品，到现在帮忙推送、转发、建设口碑；一些用户在此过程中成了企业的分销商（微商）或者合伙人、事业伙伴。由此可以看出，社交电商模式生机无限，已成为企业业务世界的新大陆。

从宏观市场的结构变化来看，当下我国经济结构中供需的不对称性仍是主要矛盾，国内大多数中小企业的产能难以持续释放，不经意形成的各类库存（工厂的与渠道的）难以高效消化。同时，随着城镇化进程加快，我国三四五线城市的购买潜力被逐渐唤醒，在没有购房等大宗消费的压力下，他们可支配收入的比例可能会逐年升高，当下很多人提到的代表性群体——“小镇青年”将成为企业逐渐重视的潜在人群。这部分基数庞大并逐渐走向富裕的人群，尤其是逐渐形成的新中产与持续扩大的新生力量，具有与时俱进的更高心理诉求与潜在精神欲望。他们往往无法在线下购买到自己心仪的产品，要通过线上购买获得。

社交电商模式以网络的高效率为驱动方式，从市场的基础层面不断掀起消费升级的浪潮。

社交电商的三种模式

随着流量成本的递增，电商流量红利一去不复返，传统电商把争夺流量作为重点，通过培养用户消费习惯来创造销售，主要围绕流量获取竞争，社交电商的重心则变为打造用户资产，做好单客经济，将单个用户价值发挥到最大，并让老用户带来新用户，扩大流量。目前的社交电商主要有三种模式。

1. 社交电商建立在熟人之间

传统生意主要在陌生人之间进行，而社交电商基于人际关系网络开展商业推广。中国社会是一个熟人社会，因此社交电商就有深厚的社会根基和人文基础。随着移动互联网发展，人们个性化消费需求不断增加，越来越多的消费者喜欢通过熟人分享推荐进行选择和决策。从趋势来讲，熟人之间的口碑推荐强于搜索带来的转化。

2. 社交电商依托社群发展

今天社会呈现了圈层形式，越来越多的人基于共同爱好、共同理念、共同事业加入到不同的社群，这对消费者产生了巨大的影响力。社群成员往往对消费持有类似的观点和偏好，一款产品在某个联系紧密的社群被部分人接受，很容易通过社群推广，被更多的成员接受。当然，以社群为基础的社交电商也存在风险，一旦产品质量有问题，或者产生负面口碑，对产品市场开拓将会带来较为严重的不利因素。

3. 通过意见领袖传播的社交电商

互联网大 V、垂直领域达人具有很高的影响力。现在的产品推广往往要经历“种草”阶段，通过意见领袖的介绍，产品被部分人群接受，再通过口碑传播，被更广泛的人群接受。电商平台拥有海量产品，消费者会出现选择困难。在这种背景之下，意见领袖可以通过相对专业的意见帮助消费者快速做出决策，因此网络达人已经成为不可忽略的互联网流量入口。很多达人通过个人品牌影响众多数量的人群，成为企业布局电商的重要渠道资源，帮助企业带来巨大的流量转化。

小米试水社交电商模式

小米的战略回归与必要性

1. 小米的战略回归

在移动互联网时代，小米战略的演进是随着中国市场的成长与产业成熟同步发育的。“人、货、场”代表了零售商业的三个维度，这三个维度是一个整体系统，能量、信息在其中不断地转换与循环，构成了零售商业的“三位一体”。我们研究认为，小米战略的演绎同样没有脱离这一循环。小米的第一条业务曲线是粉丝战略，首先在“人”上发力，将粉丝（铁粉）变成第一发动机；小米的第二条业务曲线是生态链战略，重点在“货”上发力，重点将爆品、爆款变成第二发动机；小米的第三条业务曲线是新零售战略，布局小米之家，属于在“场”上发力，通过营造场景诠释与演绎高雅精致的生活方式，满足粉丝参与感与价值感的情感需求。现在小米进军社交电商，打造社交电商平台，属于战略的回归与循环，是又一次重新在“人”上发力。通过人与人形成的社会关系、工作关系、家族关系，裂变商业机会，增加商业连锁规模与放大流量。

从小米对社交电商的探索，我们不难看出雷军的战略直觉与胆识。雷军的部署是充分利用“人、货、场”三位一体的循环关系，把单台发动机变成系列发动机。这就像中国高铁一样，每节车厢都是一台高动力的发动机。这一部署让小米战略的演进在“人、货、场”三位一体系统中持续加速，高速前进。小米在社交电商方面的实践，预示着其对人因素与人关系的全新探索和战略挺进。

2. 小米试水社交电商的必要性

小米战略的第一阶段是基于粉丝模式建立起了第一块根据地，通过打造数量庞大的粉丝群体开拓市场，获得超大规模的销售业绩，小米粉丝也具有很高的忠诚度及复购率。他们不断重复购买小米的产品，同时向周边人群推荐小米产品。通过粉丝经济，小米建立起了良好的口碑，获得了用户的信任。随着时代的进步，市场竞争性与不确定性加大，粉丝与小米品牌之间的联系总体来说还比较脆弱，当小米在产品或者其他方面出现问题时，粉丝很容易流失。如何才能持续抓住用户与粉丝呢？

小米通过进军社交电商，升级与创新营销模式。通过打造会员制，强化与完善了会员模式。传统粉丝升级为享有更多权益的会员，除了自购优惠，还能通过平台带来更多收益。在这种模式下，用户与小米之间的关系在传统粉丝基础上，还培育出逐渐深化的商务合作关系，使其具有更强的用户黏性；借助会员电商的方式，使更多人成为小米的策略合伙人，作为会员持续享受权益，为自己带来长期的相关收入。这种用户模式与小米建立了更深的战略联结，对小米平台也具有深度联结性与长期的共生共赢性。

小米试水社交电商

小米线上 App 电商一直不断发展，2017 年 4 月小米有品的前身米家有品上线，两年后发展到 17 大品类，超过 3000 件在售商品。小米有品定位平台模式的精品生活电商，主要销售小米生态链产品，通过小米平台赋能，打造众多有口碑的爆品。小米 2018 年开始进军社交电商，经过半年左右的内部测试，2019 年小米“有品有鱼”上线，依托小米生态链体系，将产品线延伸到生活家居领域，平台涵盖家居、日用、家电、餐厨、影音、智能、服饰、健康、出行、洗护、箱包、婴童等诸多生活消费品类。

1. 小米社交电商的探索历程

2017 年 4 月 6 日，米家有品上线。

2017 年 8 月，米家有品更名为“有品”。

2018 年 5 月，“有品”正式更名为“小米有品”。

2018 年 11 月 6 日，京东与小米有品在北京签署战略合作协议，从精选产品入驻、第三方品牌孵化、商品反向定制、物流等多方面展开深度合作。

2017 年 4 月，米家有品（后更名为“小米有品”）App 正式上线。本着坚持做感动人心的价格厚道的好产品的初心，两年时间已经发展到拥有 17 大品类，超过 3000 件在售商品，超过 400 家优质合作企业。

2018 年 12 月，在社交电商风口驱动下，小米有品上线了“有品推手”App 并进行了内部封闭测试，这也意味着小米有品开启了“社交驱动型精品会员电商”的探索。

2. 探索分析及思考

小米社交电商在初试时效果不佳。至于效果不佳的原因，可能是小米一开始对社交电商的布局和定位不是很清晰，并且遇到了一些阻力。从另一个角度思考，或许这正说明了小米的产品不适合用微商的形式来做。这也说明小米的营销渠道具有一定的技术含量，小米的产品进入了一个新的档次。

未来是一个全员营销的时代。一旦有哪家企业能够做到全员营销，销量一定会猛增，因为全员营销的本质就是资源的外部化，通过粉丝卖货、赚钱，当然，也会对企业的运营产生不良的影响。小米如今还在进行试探性的尝试，这需要时间，也需要整个市场创造有利条件。

从产业发展史来看，开放的一定会打败封闭的，3.0 能量级企业是必然趋势，尤其在大数据背景与 5G 时代下，生产要素会从土地、产品、上下游企业变成数据。小米必然会走向通往 3.0 能量级的发展之路，会尝试开展全员营销。未来，只要在生态里，包括用户在内的所有人，可能都会帮小米卖手机，因为所有人都是接触点，所有人都是销售点，能量将呈现裂变式增长。从这个角度来讲，小米正在布局与设计未来。

新业务培育需要一个艰苦的探索过程，商业模式的跑通与创业型经营人才的历练相辅相成，互为前提，新业务需要不断尝试的时间成本，需要试错与“犯规”的阶段。虽然目前来看，小米的社交电商尚未成熟，但其设想的空间无限。这也给了小米一个预警，如果小米想用社交电商来配合 3.0 时代，就要做更多的基础性工作，还有更深层次的布局。我们相信，小米在未来某一天会重拾社交电商，让我们拭目以待。

3. 小米社交电商的初步设计

小米社交电商定位是社交驱动型的精品会员电商平台，平台通过吸引对小米认可的用户成为会员，向他们提供完善、高价值的会员服务。在具体设计上有三大特点。

继承小米基因，做精选电商。小米社交电商的精选模式区别于传统电商。传统电商模式是从海量的制造企业中选择商品进行销售，社交电商平台延续小米的基因，追求极致的产品，精选是平台的基本原则。小米社交电商平台的优势是自营，在同一个产品品类下，小米不会引入过多品牌。小米有专门的团队参与选品环节，并主动参与到商家的产品设计中。他们首先要考量产品是否为刚需，其次要考量产品设定是否能解决用户痛点，再次要考量产品生命周期是否很长，最后要考量产品的品质保证和供应链。同时，基于小米生态链的成功模式和丰富的品牌营销资源，小米为商家赋能。

小米社交电商平台商家的每一件商品都必须符合小米标准，即达到出口欧盟的严格品控要求，同时必须是高品质、高颜值、高性价比的“三高”商品。有品有鱼满足小米供应链建设的指导思路，打造用户满意度高的产品，同时追求性价比。小米采用S2B2C（一种集合供货商赋能于渠道商并共同服务于顾客的全新电子商务营销模式）的运营模式，平台为优质商家提供物流、客服、品控等全方位的支撑，商品在上架之前，需要经过严格的品控，从产品资质审核、质检报告收集，到实地工厂验证、场景测试、内部测试，各个环节均需要筛选。通过这一模式，截至2019年，小米已与400余家行业头部企业达成合作。

致力于打造合伙人机制。小米社交电商致力于打造合伙人模式，于2019年公开招募合伙人。小米基于线上推广的销售模式，提供高品质、高颜值、高性价比的产品，为合伙人赋能，帮助合伙人开拓生意，小米平台公开了加盟合伙人的三大优势：

商品优势。有品合伙人所推荐的商品都经过有品平台甄选，同时平台也会对商品质量进行严格把关，确保品质。

模式优势。有品合伙人通过专属链接邀请的新用户与合伙人存在一定期限的绑定关系，在绑定关系期内，新用户凡购买可返利商品，合伙人均可以获得相应奖励。

特权优势。除了现金奖励外，有品合伙人还可以获得专属身份特权、实用优惠券、实物奖品等奖励。

小米有品打造会员模式。小米社交电商平台打造会员模式“有品推手”，“有品推手”采用邀请制注册方式，新用户要通过邀请码注册开通才能成为推手会员。

社交电商代表性案例研究

拼多多：电商格局初定闯出的黑马

在对拼多多进行分析之前，我们先来一起回顾一下拼多多的发展历程。

2015 年 4 月，拼好货成立，以生鲜品类切入，主打 C2B（Customer to Business，消费者到企业）拼团闪购。

2015 年 9 月，拼多多成立，定位全品类 C2B 拼团社交电商平台。

2016 年 9 月，拼好货和拼多多合并。

2016年11 月，双 11 单日流水破 2 亿，单月 GMV（Gross

Merchandise Volume，多指一定时间段内的成交总额)20 亿，日均单量 200 万。

2017 年 9 月，拼多多成立两年，用户破 2 亿。

2018 年 7 月，用户破 3 亿，IPO 在美国纳斯达克上市。

拼多多创始人黄峥认为，拼多多的成功更多依赖于人的场景，把不同的人在相同的场景下的相同需求汇聚起来，是“货找人”。因此，整个电商就从原来谷歌式“物以类聚”的时代，进入到脸书式“人以群分”的时代。所以，拼多多主张为消费者提供更为便利并且实惠和乐趣相结合的消费体验，关键策略为低价产品与社交体验。

低价产品策略缓解了产需矛盾。拼多多采取以需定产模式——C2M（Customer to Manufacturer，用户直连制造商，一种新型的工业互联网电子商务模式），从制造工厂到消费者，在拼多多平台，消费者首先拼单，拼单完成后，制造企业按单生产，最后商品从制造企业直接发货给消费者。这种以需定产 C2M 模式完全逆转了传统的以产定销模式。制造企业直接对接消费者需求，打通了制造企业和消费者之间的信息沟通障碍，让供给灵活适应需求变化，更好满足消费者需求，同时去掉了中间环节，压缩中间环节的成本，让价值回归制造企业和消费者，促进实体经济增长的同时满足消费者对美好生活的需要，很大程度上缓解了供需矛盾的问题。

社交体验策略驱动了销量持续放大。拼多多通过持续营造的爆款，推动团购拼单，使用户和订单大量涌入，丰厚的订单使拼多多直接与供货厂商合作对话，由用户需求驱动生产制造，通过电子商务平台反向订购，用户订多少，工厂就生产多少，消灭工厂库存成本，价格优势又推波助澜。拼多多可以为广大用户提供平民价格的丰富SKU，极高的性价比经营模式使得商家、用户、拼多多平台实现了多赢，并形成彼此助力的良性循环，保障这一生态模式的持续发展。例如爆款可心柔28包抽纸，售价29.9元，营销成本很低，每单利润为9毛钱，但在销售高峰时期，可心柔一天能卖出超过10万单，如此单天最高利润可超过9万元，由此产生的拼单乐趣与快乐，使得参与者乐此不疲，实现了所有人的参与感和存在感。

云集：会员电商的开创者

云集主要是为消费者提供覆盖面极广的线上零售服务，包括美妆个护、食品饮料、服饰箱包、母婴玩具、家居电器、蔬菜生鲜、日用家纺，以及手机数码等产品。

云集的发展历程如下：

2015 年 5 月，共享经济背景下，云集 App 上线。

2016 年 5 月，云集单月销售额突破 1 亿元。

2016 年 8 月，云集注册店主总数突破 50 万人。

2016 年 12 月，云集获当年社交电商领域最高 A 轮融资 2.28 亿元。

2017 年 9 月，云集自主研发的“神舟系统”上线，订单处理能力 1200 万单 / 天。

2017 年 10 月，云集 VIP 注册用户突破 1500 万。

2017 年 11 月，云集双 11 总成交额破 10 亿元。

2019 年 5 月，云集正式在美国纳斯达克挂牌上市。

云集创始人兼 CEO 肖尚略在招股说明书中阐明：“云集以会员为基础，通过一套集体价值主张将会员们聚集在一起，云集非常关注用户的信任，因为用户的信任是平台成长和成功的关键，云集通过赋能会员，让他们在社交网络中分享购物体验、推广产品，让平台获得更多忠实用户的同时扩大影响力。”云集的会员模式主要是，用户付费成为会员，会员在自己的社交圈子里分享商品获得积分。换句话说，用户用自身信用背书，从而帮助企业实现价值链的拓展与延伸。

会员模式不仅联结了用户的购买能力，更是联结了用户对企业的信任，对品牌的信任，这有利于企业获得长久的发展。会员制模式直接为企业带来会员费收入，帮助企业扩张用户，更有利于形成用户黏性。据相关资料显示，2018 年会员为云集贡献了 66.4%的 GMV，会员费 15.52 亿元，占云集收入大盘的 13.6%，且用户复购率高达 93.6%。人的潜力巨大，所以价值的延伸便有了无限可能，这也是会员模式的魅力与潜力所在。

云集基于社交分享和互动建立起来场景化消费市场，在选择目标市场上有特殊性。

云集的市场细分目标是：

高薪白领：此类消费者生活相对有品质，能够引领消费，具有较强分享能力；

已婚已育年轻女性群体：主要为母婴产品消费者，且消费有连续性，口碑传播速度快，易于分享；

青年大学生群体：人脉关系黏性高，倾向于个人创业；

有远见的微商：微商代理须要囤货，占用资金，自行发货，云集大平台为小微代理提供了更大空间；

不赚钱的淘宝店主：有销售经验，但疲于自行经营，没有资金做推广；

个体实体店主：写字楼中的服务性店铺，需要稳定的客流量；

利用店铺二次创业者，包括导游、模特等。

云集对用户进行赋能，提高用户黏性。传统社交电商模式只是利用消费者的社交关系来促成交易达成，提高交易的单数，云集的会员电商则是对自己的客户进行赋能：如果注册成为会员，不仅自购可以优惠，分享也可以赚得收益。对客户的定义不再局限于卖家与买家，上升到合作伙伴与事业联盟的高度，大大提升了用户的黏性。例如，成为云集店家，云集平台会对其不断赋能，平台实行“互联网 + 商学院”模式，对店家进行营销、战略等方面的培训，也会培养形成各种明星店家来吸引更多流量。同时云集还为店家做好未来发展规划：花费 398 元可以成为店主，通过销售产品获得提成；推动 90 个店主注册，将成为销售经理，获得所有店主的销售提成，并获得每月 500 元的底薪；当推动 900 个店主注册时，将成为服务经理，可以获得所有店主及销售经理的提成每月 3000 元的底薪。这种不断对会员店家赋能的形式是云集模式发展最为核心的驱动要素。

电商渠道下沉是目前一个愈加明显的大趋势，无论是销售渠道还是消费群体都逐步向个体发展，在追求个性化和差异化的今天，这种趋势顺应了互联网经济的普惠性和大众化，为更多人发挥自身影响力创造商业价值提供了途径。

社交电商的未来发展趋势

小米对于社交电商的核心策略是“先试水，后发力”。先试水是指在移动互联网时代，新商业模式不断涌现，小米表现出了极大的战略创变力，具有极强、极快的学习能力，以开放的心态去探索新模式，不失时机地试水社交电商。社交电商的发展才刚刚开始，未来可能会呈现出以下三种趋势。

趋势一：下沉市场，直接沟通

随着移动互联网发展，我国三四五线城市购买力逐渐显现和释放，越来越多企业开始看重下沉市场。社交电商就是在开拓下沉市场的过程中兴起，并发展壮大的。社交电商的运作逻辑是通过朋友或已经体验过相应产品的消费者的推荐或建议，为他人的消费选择和决策提供参考，最终目的是提高产品转化率，为商家带来更多商业效益。中国社会是熟人社会、人情社会，基于这种社会文化背景，依托人与人关系发展起来的社交电商为许多新兴企业提供了支撑，也帮助它们获得了成功。

企业与消费者的直接沟通有助于双方的深入沟通与快速反馈。在互联网飞速发展的大环境下，企业的商业逻辑、策略与方法也发生了巨大改变。通过和消费者不断直接联结，企业更深入直接地洞察用户需求，帮助产品迭代升级，使产品对消费者有更强的吸引力。这一循环持续下去，企业竞争力将不断提升。

趋势二：深耕会员，商机无限

随着互联网的发展，越来越多的互联网平台采用会员制度，线上会员价值不断被挖掘。社交互动功能则帮助平台沉淀了会员用户，这些用户资源是企业的重要资源。企业开发线上会员可以参考以下三个环节。

环节一：在不同渠道实现会员用户的信息共享，进行移动端的会员管理及运营。

环节二：为会员用户提供精细化服务，满足其个性化需求，通过与会员互动刺激其消费，并进一步提高品牌影响力。

环节三：企业在把握会员用户需求的基础上，持续改进服务体系。同时，把线上与线下的服务融为一体，提高会员对品牌的认可度，促进双方达成交易。

移动互联网时代，传统电商市场增速缓慢，流量红利褪尽，社交电商的兴起则很好地弥补了传统电商的缺点弊端。当下社会的发展呈现出碎片化趋势，无论是流量、媒介，还是渠道，碎片化的特点使曾经通过某几个大型平台购买获取流量的方法变得不再可能。

在当前商业竞争中，流量获取成本越来越高，头部平台成本更高，很多领域流量已经变成企业之间的血拼，消耗企业利润。

在这个背景下，社交电商成为企业布局的“新蓝海”，企业需要不断开发客户。客户究竟在哪里？按照移动互联网的营销思维，客户实际在企业自身的社交圈子里。客户的价值不仅是给企业带来生意，更能通过口碑向企业推荐高质量的客户，这就是社交电商的基础商业逻辑。需要注意的是，社交电商的基础是人与人之间的联系和人脉网络，因此有时会形成负面效果：容易透支用户人脉关系，甚至损害人脉网络。这需要引起企业的注意与思考，好的产品质量依然是社交电商持续发展的根基。

趋势三：聚焦私域，呼唤全才

为了降低流量成本，商家必须建立自己的私域流量，通过社交电商玩法，以老带新，让用户参与裂变。过去商家的经营理念是以货为中心，而现在社交电商的经营理念则是以人为中心的，因此必须对人群进行细分，实现精准触达和精准营销，进而实现裂变和转化的闭环。

提高单客经济也是社交电商目前的发展趋势之一。提高单客经济就是促使单个用户提高购买频次、购买种类，通过用户提高社会影响力。

互联网时代对社交电商的要求比以往传统电商更高，社交电商要在有限的区域、有限行业或细分市场中成为全才，才能在激烈的竞争中胜出。这需要企业考虑全面，经历完整的、串联的商业运营体系，进行全面的商业操作。

总结：先试水与后发力

小米对于社交电商的核心策略是“先试水，后发力”。

互联网企业与传统企业不同，员工整体比较年轻，思想开放，思维活跃，对企业的经营与管理往往有着自己独特的见解和思路。他们的主要精力往往聚焦在快速变换的经营节奏，对于市场的新动态、新迹象、新细节有着超乎常人的敏感性与反应力。小米作为中国互联网企业的杰出代表，早在 2017 年开始就对社交电商早期探索，逐渐摸索出了一系列创新性的策略与方法论。小米明白，探索一种全新的商业模式，最重要的成本就是时间，必须先下手为强。虽然与拼多多、云集选择的用户群与产品类别都有所差异，但小米对社交电商模式的尝试与探索，一刻也没有停止。因为小米明白，商业模式的爆发力往往是周期性的，机会往往是属于那些具有前瞻性的企业。

一种新商业模式能否发挥作用，首先要看这种商业模式的运行是否顺畅，其次要看这种商业模式是否与其他商业模式可以形成联动与共振。商业模式的运行顺畅需要企业对市场机遇的洞察与把控，需要创业型经营人才和团队的成长，还需要企业运营体系、管理机制与组织文化的匹配，是一项纵向的系统工程，而验证商业模式运行顺畅的唯一标准，是业绩的增长与客户群的扩张，这方面小米还需要时日。社交电商模式与其他商业模式的联动与共振，在这方面小米似乎具有得天独厚的优势，从粉丝模式到生态链模式，再到新零售的布局，小米在“人、货、场”三个维度已形成的三位一体系统的支撑，无论是线上、线下，还是两者交织的社群所形成的空间系统，从连接、交易到深化关系的商务过程，小米都进行了布局与设计，多种商业模式并行，在时机成熟之时，必将形成模式之间的相互支撑与共振，形成反哺之势，这就是小米“后发力”的战略定力。所以“先试水”反映出小米优秀的创变能力，而“后发力”则反映了小米卓越的战略定力。

第 10 章

小米探索全渠道模式

在小米的成长中，战略与营销密不可分。似乎所有的战略布局都充满着营销直觉与敏感，似乎所有的营销尝试都蕴含着战略意图与深度思考。在移动互联网来临后，很多企业快速发展的原因在于抓住了网络时代发展的流量红利，找到了自己营销的价值洼地，聚合资源，迅速做大销售规模。在过去的 10 年中，小米似乎没有放过任何一个网络时代发展的战略机遇，对线上、线下与社群进行了融合性探索与尝试，逐渐形成了其对全渠道模式的独特理解。

全渠道发展历程与分析

全渠道时代的来临

渠道自始至终都是营销的关键，渠道的发展先后经历了实体店、电子商务、多渠道、全渠道四个阶段。在实体店阶段，商场、超市、百货公司、购物中心盛行，基本采取坐店经营的模式。在电商商务阶段，虚拟店铺兴起，零售业态部分转移到线上，核心是基于互联网技术打造新的零售模式。在多渠道阶段，企业通过多种渠道联结消费者，借助实体店、网上商城、微信、微博等多种途径从多方位开展营销活动，O2O（Online to Offline，线上到线下）营销模式在这个阶段获得快速发展。全渠道阶段是基于移动互联网发展，提供消费者生活方式与工作方式的全场景体验，给消费者带来了满足个性化需求的、全时空与无缝化的极致购物体验。全渠道的实质是商家在实现消费者能顺利收集信息、购买商品的基础上提出的横跨渠道战略。全渠道模式是企业营销战略的必然选择。小米铺设了尽可能多的渠道，让用户有更多的机会接触到我们的产品。然而，小米目前所铺设的渠道还称不上全渠道。

案例

亚马逊“Prime Now”服务

亚马逊曾经推出 1 小时收货的“Prime Now”服务，亚马逊会员可以通过“Prime Now”App 下单。该项服务承诺，两小时内送货免费，1 小时内送货则需要会员额外支付 7.99 美元的配送费。此项服务从 8 点到 22 点，全年无休。该服务一经推出，便获得亚马逊会员的空前好评，大幅度提升了亚马逊的口碑。

全渠道时代消费者的特点

1. 消费者获取信息的多元化

传统模式下，消费者只能在实体店亲身感受商品。现在，消费者既可以通过传统媒体，比如电视、广播、报纸杂志来感知商品，也可以通过不断涌现的各类新型互联网社交媒体、移动终端等多种渠道方式接触商品。

2. 消费者需求的多元化

传统模式下，日常生活是人们消费的主要部分。随着移动互联网发展，消费也随之进入新阶段，由家庭消费逐渐过渡到当下新生代所代表的个人消费，消费者更加注重自身个性化需求。未来围绕消费者个性需求的小众定制产品会有广阔前景。全渠道的发展，是科技、经济、商业进步使然，消费者“无论何时、无论何地”，都能买到适合自己的商品的时代已经来临。

全渠道打通了企业各个渠道的客流、资金流、物流、信息流，成为联结用户的重要方式，基于整体网络布局，物流配送的全渠道模式，实现用户无缝式购物，打造移动互联环境，给用户超越期待的体验。

全渠道模式需要需求端与供应端同频

全渠道模式需要需求端与供应端同频，消费者与企业的同步升维。全渠道模式的关键是消费者全场景需求信息与企业全供应链的交付节奏实现同频共振。消费端的全场景信息往往具有不确定性、多维度与高动感，而全供应链的交付运营是相对稳定的、标准的，专业化与流程化较强。消费端与供应端永远是对立的两极，前者反映了市场趋势、消费动态与人性内涵，后者反映了整体供应链的效率表现与产品技术的基因。

如何才能在两极的持续发展中找到和谐的结构？如何才能把控住两者快慢切换的节奏？首先，需求端引导供应端，经营“人”驱动经营“货”。将把握消费者需求变化放在首位，特别是在当前，新中产与新生代作为主力目标人群，小众化、个性化、定制化的消费形态逐渐成为主流，这些变化要求企业必须调整营销策略。其次，供应端支撑需求端。要想实现这一点，需要全方位整体升级全供应链体系，建设坚实的信息化系统，用大数据为消费者提供有针对性的服务，与消费者高效直接对接，提升全供应链与全渠道流通配合效率，让全供应链体系高效协同外部市场，让全场景的前轮与全体系的后轮同步驱动，同时降低消费者的购物成本与产品生产成本。这就是全渠道模式的核心秘密。

全渠道代表企业案例——苏宁易购：全体系支撑，低端市场筑底

面临新时代的挑战，苏宁加快了渠道变革。2010 年，苏宁易购正式上线运营，打入三四线城市及县镇市场，以电子商务作为渠道变革的重点，打造了线上线下相互支持的开放性购物平台，并完善已有电子商务平台，提供了多角度购物体验，增强客户的参与度。2013 年，苏宁电器提出了“店商 + 电商 + 零售服务商”的新型零售模式，采用全渠道战略，公司名称随之变更为“苏宁云商集团股份有限公司”。此后一年，苏宁云商全力实施全渠道战略，通过整合优化线上线下的多种营销渠道，实现渠道间协调统一，和谐同步，开展全品类经营、推进营销及服务创新、并且开放平台服务，为消费者提供一体化的全渠道整合的购物体验。2018 年，苏宁云商更名为苏宁易购，将全渠道整合进行了进一步升级。

1. 全体系支撑，下沉市场

苏宁线下采取“一大、两小、多专”业态族群体系，升级布局线下业态，持续升级完善，截至 2017 年底，苏宁在

中国大陆共有苏宁易购店面 1499 家，其中云店 323 家，红孩子门店 53 家、超市（苏鲜生）门店 9 家，县镇店 23 家，苏宁易购服务站直营店 2215 家，零售云加盟店 39 家。后续零售云加盟扩张速度将大幅度加速。品类结构调整，吸引客流、提升客单价，增加消费频次。通过电器 3C、母婴等品类扩充，吸引更多的消费者，使得消费者从低频消费走向高频消费，由此提升客单价、转化率与复购率。

线下全力布局，三四线城市下沉加速推进苏宁的线下扩张，通过线下不断下沉，扩大用户基数，提升影响力。苏宁建立起强大的线下渠道基础，未来将形成品类结构升级，多业态并行格局，整体业绩将实现持续增长。苏宁在线上建立会员生态，打通易购、金融、文创、体育超级会员，并在此基础上加强与主流门户网站、互联网视频媒体等合作，通过丰富品类，建设高频 SKU，有效提高苏宁会员活跃度与复购率。

2. 高效物流，运营加速

苏宁是国内较早进行物流布局的企业之一，这也让苏宁的物流仓储网络日臻完善，社会化业务持续推进，物流根基越发牢固，物流设施与网络走向完备。截至 2017 年末，苏宁物流线下仓储物流相关面积达 686 万平方米，快递网点超过两万个，物流网络覆盖全国 352 个地级市、2908 个县区。

3. 新零售升级，模式创新

苏宁通过开发新产品、采购模式创新、同步产品销售和售后服务、改善店铺环境等多种方式，进行零售价值链系统升级。

大力研发新产品。在全渠道战略下，网店运营有助于零售企业研发新产品。苏宁通过挖掘、分析线上销售数据，再进行新产品开发，网上销量高的产品能够很快引入苏宁实体店。苏宁为顾客提供了全面、系统的个性化推荐服务，也为顾客创造了集购物、娱乐、休闲于一体的体验，从而实现一站式购物。

采购模式创新。苏宁创建了三个采购中心——家用电器、日用品和日本进口产品，通过这三个采购中心，建成了一个用于比较和评估采购管理的系统。苏宁减少中间环节，采用直供模式，为消费者谋福利。例如，苏宁与惠普达成了战略采购联盟，进行采购模式创新，直接向惠普中国工厂提货，让利给消费者。

同步产品销售与售后服务。苏宁充分利用互联网、物联网技术进行经营管理，从而实现产品销售和售后服务的水平提升。苏宁在实体店服务中心提供包括商品自提、商品退换、维修咨询，以及增值服务四大类全面、贴心的售后服务。线上购买的客户也能到附近的实体店享受同样的售后服务。

优化店铺环境。苏宁全渠道战略推动基础设施建设创新，为顾客提供了购物体验平台。例如，苏宁聘请了美国顶尖商业设计公司 MG2 等，为 Expo 超级店打造全新的室内装潢设计，做到以客户体验为中心，并着力打造科技化、数字化的实体店。苏宁以消费者购买行为便捷化、简洁化为出发点，不断改进实体店内产品的陈列方案及服务的提供方式，提升消费者的购买体验。

苏宁全渠道体现了零售企业的战略升级，通过系统建设，打造消费者在互联网环境更加极致的消费体验，消费者在线上享受便捷和快速，线下则享受实体店提供的环境、氛围服务和基于感官的购物体验。同时，苏宁基于全渠道战略，全面进行了用户管理。苏宁通过全渠道数据挖掘分析，绘制包含消费者行为、购买模式及购买倾向的画像，通过不同的平台集合用户数据，包括呼叫中心、在线客服、微博、微信、电子邮件、论坛，以及实体店客服中心，苏宁进行全渠道大数据分析，得出顾客类型、购物偏好，从而为消费者提供更加贴心的服务。

小米的全渠道模式探索

小米全渠道的建设

1. 小米早期的互联网电商

小米早期通过米聊积累用户，100 个梦想赞助商均来自 MIUI 用户。小米通过线上（小米社区、新媒体、小米商城促销）方式发展粉丝，发展到百万粉丝，通过小米家宴达到了粉丝建设的高潮。目前小米家宴已成为小米为粉丝量身打造的年度盛宴。

2. 小米电商平台

小米电商平台建设，线上第三方代理，在国内主要与京东、苏宁合作，在世界其他地区，主要通过 Flipkart、亚马逊等第三方电商销售。代理商直接购买小米的产品后向终端用户分销。小米线上直营通过小米商城，主打小米手机、平板等科技数码产品，也涉及周边生活商品。同时，小米开设天猫旗舰店，进行自营。2017 年，小米推出小米有品，打造精品生活电商平台。这次，小米有品采用了多品牌合作的模式，除了卖小米和米家的产品，也有第三方独立品牌。

3. 小米线下布局

小米线下布局主要有几种类型：

小米之家，自建自营，以线下直营为主，主要分布在一二线城市，进驻大型商场，旗舰店面积为 1000 ~ 2000 平方米，一般店面积为 250 ~ 300 平方米，集形象展示、产品体验咨询和销售功能为一体。

小米专卖店，以他建自营为主，主要分布在三四线城市，店铺面积为 150 ~ 200 平方米，小米与各地优秀服务商、零售商合作，小米直供产品、直接管理运营。

小米体验店，以他建他营为主，小米指导，类似代理商模式，在四线城市以下主推，在产品 SKU 选取上因地制宜，对城市中心店和郊区店做出了区隔。

小米直供店，当作 C 端客户，店主在线申请即可获得销售资质，直接从小米小规模订货，店主可通过微信、电商、抖音等方式推广。

4. 小米社交电商

自 2017 年小米有品上市以来，小米便着力打造精品生活电商平台，推广社交电商，在全国范围内招募合伙人，通过平台赋能模式，发展小米渠道的外部合作力量，开始大规模发展的社交电商。

小米有品、小米商城、小米之家是小米着重推广的社交电商。小米有品是小米精品购物开放平台，依托小米生态链体系，借助小米模式主打生活消费品，将来预计超过 20000 种商品，是众筹和筛选爆品的平台；小米商城上线有 2000 种商品，主营小米自己和生态链企业产品；小米之家大约有 200 种商品。

它们共同组成小米自营全渠道的三层结构。小米平台为优质商家提供物流、客服、品控等全方位的支撑。小米与 400 余家行业头部企业达成了合作。小米有品同时打造会员模式“有品推手”，有品推手采用邀请制注册，新用户通过邀请码注册开通成为推手会员，推手会员享有自购省钱，推广赚钱的权益。

5. 小米物流

物流是全渠道策略成功实施的保障，小米在物流方面也不断建设。2019 年小米宣布与中国邮政建立战略合作，双方在北京小米科技园举行了战略合作签约仪式，签署战略合作协议。在快递物流方面，小米与中国邮政开展了更广泛的业务交流和合作，中国邮政将为小米集团提供仓储、物流及快递配送和行政办公类文件、物品寄递等服务。中国商标局信息显示，“小米快递”商标已经通过审核。小米快递方面可以提供的服务内容如下：包裹投递、快递服务（信件或商品）、运载工具故障牵引服务、船运货物、旅行陪伴、贵重物品的保护运输、司机服务、运输、商品包装、导航、货物贮存等。小米快递的成功注册，无疑为小米全渠道的建设增添了助益。

小米全渠道的协同效应

1. 全渠道的梯度协同效应

小米全渠道分为三层，分别是小米有品、小米商城和小米之家。小米有品和小米商城是线上电商，拥有更多的小米产品。其中，小米之家负责促进线下线上的相互引流，向用户介绍更丰富的小米产品系列。用户在小米之家购买商品时，店员会引导用户在手机上安装小米商城 App，用户再次购买小米产品时，就可以通过手机完成。此外，用户还可以在小米商城中选购更多产品。

近几年小米电商一直采用饥饿营销策略，很多产品在发售时需要预约、抢购等，从而激发了人们消费的欲望，所以在小米的线上商城中经常会出现一些爆品断货、存货不足的现象。这时消费者可以选择到小米之家等实体店进行选购，因为线下实体店的客流较少，存货较为充足。这样就形成了一种互补关系：一些线上的客流会被引流到线下，当消费者到实体店中选购时，就很容易浏览其他的产品并发生消费行为，从而提高了线上线下的连带率。

2. 全产品线的协同效应

什么东西好卖，就卖什么。究竟什么东西好卖？小米对此有自己的衡量标准。小米根据之前积累的电商经验及互联网数据来选择出售哪些产品。比如，消费者可以到线下店优先选择线上被验证过的畅销产品；如果是新品，那么消费者可以根据口碑和其他消费者的评论观察和选择。此外，小米也会根据大数据，安排不同地域小米之家的选品，并进行统一调度。

3. 全供应链数据的协同效应

小米在 2010 年至 2015 年这 5 年时间里，聚焦电商，搭建小米的电商系统建设和仓储、物流、售后、客服系统建设。在全渠道布局背后，是小米整体供应链的建设。进入 2017 年，小米开始深化集团 ERP（Enterprise Resource Planning，企业资源计划）系统，进行供应链系统推广、部门构建、资源整合，成立了信息部。小米这一系列工作的重点在于提升信息化能力，为市场前端赋能。重中之重则是小米数据中台的建设。数据中台要进行数据采集、数据清洗，形成数据集市，然后通过数据分析员进行 BI 分析，不断改进流程，实现业务效率的提高。

为了更好地利用数据中台，小米成立了专门的数据处理团队进行数据处理，更方便地让分析人员在系统上直接分析全部门的数据，做出可供经营决策的报表。分析人员对数据进行分析后，再进行数据共享，并对问题进行及时处理和反馈。

小米信息化中台与大数据应用

小米信息化的数据中台战略

作为一家互联网企业，小米拥有海量的数据。如何将这些数据利用起来，为小米的未来发展赋能，一定是雷军及领导团队每天都在思考的问题。目前，小米的中台建设仍属于一个蓄力阶段，还没有展现出全部的能量，在结构方面也参考了BAT三家公司，将其精华融会贯通。2019年8月9日，在CIO发展中心举办的首届ITeX供需博览会上，小米高级总监汤学旭发表了题为《小米集团信息化中台战略》的演讲，其中就提到了小米正在布局的数据中台。

按照汤学旭的观点，对于小米而言，数据中台对业务运营产生的价值，主要体现在生产监控、日常运营、经营管理、战略管控四个方面。底层的是生产监控管理，实时运营监控、实时风险监控等；第二层是日常运营型分析，包括日常统计分析、操作统计分析等；第三层是经营管理分析与考核型分析，包括商业洞察分析、人力资源分析、财务分析、部门绩效考核等；顶层是战略管控与预测型分析，包括战略绩效分析、行业对标与企业经营预测分析。不难看出，这样具有立体层次的数据中台系统可以为小米的整个企业行为做一个实时监控和画像，从长期来看，非常有利于小米的决策制定和方向规划。

数字化转型到底是在转什么？通俗来讲，就是想办法把一切东西都数字化。小米每天要进行大量的研发、制造、讨论、销售工作，如何用数据去记录这一切，形成一个数据池，从而为企业后期发展赋能呢？这就是数字化转型需要做的工作。坦诚地讲，对于大企业而言，数字化转型谈何容易，如何在已经成形的企业运作结构中添加数字化转型方式，成了摆在企业面前的一道难题。反倒是有些小企业在数字化转型方面做得风生水起。系统并不难做，如果把企业的百十家或者几百家店铺的每一个操作，如每次上下架、每次的价格变更、每个操作人员的行为，都放到系统里面，就会产生超乎想象的能量。

汤学旭指出，在数字化转型过程中，业务是基础，数据是核心。然而在看似顺畅的数字化转型道路上，小米也面临着一些迫切需要解决的问题。我们具体分析一下小米有哪些亟需解决的问题。

问题1：数据资源分散

尽管小米的产品品类多、用户多，但很多生态链企业尚未与小米形成真正的数据共享，这就导致不同产品产生的数据比较分散，没有形成一个统一的数据资源池。也就是说，小米的大数据布局尚未形成，并且“小米各业务域数据也没有形成统一口径，标准不统一，数据之间就无法形成有效的整合”，也就无法提取出用户、企业、市场的行为特征，这样一来，就不利于数据的调取和分析，大数据、物联网布局就是空中楼阁。

问题2：数据指标混乱

目前，小米的数据分析功能过分侧重日常统计分析，没有明确更高层次的指标体系。小米要想建立数据中台，必须建立完备的、足以支撑精细化管理需求的指标体系和业务分析逻辑，才有机会真正实现“用数据说话”，进而完成趋势预测、异常甄别、辅助决策等分析和决策。

问题 3：数据工具量少

优质的数据获取和分析工具是整个数据中台建设的关键。对于目前的小米而言，要想建立完备的数据中台系统，仍“需要一站式的访问入口、可视化和交互性更强的数据，来展示方式、支持移动端访问”。

通过对以上内容的分析，我们不难发现，数据中台是未来企业发展的一个不可或缺的要素。建设数据中台，小米才有机会在真正意义上走上数据驱动的道路，并真正有效地利用从粉丝、生态链、新零售、社交电商等渠道获得数据。小米借助数据驱动，在研发、生产、供应链、销售、服务，以及 IoT 和互联网业务等环节和领域逐渐走向成熟，“产业 + 互联网”格局也将日臻完善。

在雷军的规划中，小米显然是被数据这个生产要素驱动的，这体现在精细的运营、智能物流探索、工业互联网等各个方面。例如，如今全世界都在建造仓库，但是在哪里建造仓库能够获得更多的利润？这需要通过数据分析来决定。不止建仓，每一个决议都要通过大数据的检验。不过，数据本身也具有两面性，用好了，如虎添翼；用不好，就会进入进退维谷的境地。如何让数据为企业增添助益，甚至是锦上添花？这需要企业管理者的深谋远虑与高瞻远瞩。

小米大数据的应用场景

小米的成长与发展离不开大数据的支持。小米不仅是一家手机公司，也是一家移动互联网公司，还是一家智能设备的公司，更是一家新零售公司。总而言之，小米是一家数据公司。如果没有用户及其背后的数据，后续所有的业务都无从谈起。手机的硬件平台具有战略性的作用，就是流量的入口。数据都沉淀在小米的云服务中间，如今有了小米生态链，用户量变得更大。

生态链有丰富的产品线，为了支持这些业务和硬件业务，小米用大量的成本和人力来建设云服务。也正是因为生态链，小米的数据具有多样性的特点：有来自手机端用户的数据，有来自智慧家居场景的数据，小米因这些数据而具有核心竞争力。与此同时，大数据也带给了小米挑战，如何把异构的数据和结构化的数据整合起来，共同支持核心业务，是摆在技术团队面前的难题。大数据在小米的典型的应用场景包括以下五大场景。

场景 1：全局搜索

早在 2018 年，小米就已经接入了 16 类的垂直内容，日均用户量是 1600 万，日均请求量是 4000 多万。小米垂直内容的快速发展，使得其信息流的业务增长速度也突飞猛进。

场景 2：新零售

在产品渠道方面，各个企业都会遇到一个共同的痛点，就是销售渠道的串货，大数据会支持公司在对渠道管理，对渠道的串货、乱价、刷机做出应对。除此之外，小米还对用户群进行了深度的运营，对品牌和售后体系的搭建做出支持。

场景 3：金融服务

小米手里有大量的数据，预先知道每个用户的风险。通过邀请制，对于信用方面状况比较好的人，小米会推送邀请，所以小米在现金贷方面的逾期率非常低，在防欺诈方面是非常强的。在金融风控体系方面，小米在还款阶段、催收阶段都会对每一个环节预控，对所积累用户的行为数据进行判断。对金融业务来讲，征信数据是最重要的，而小米缺乏来自银行的数据，小米的数据是来自低层的，把低价值的数据挖掘出来做金融业务，对海量的行为数据进行分析。手机平台可以记录用户各种各样的行为模式，通过机器学习发现行为模式，由此归纳出用户的逾期风险、还款风险特征。

场景 4：人工智能

这么多联网设备从各个方面汇集了用户全范围的数据——跟他的行为方式密切相关的数据，在这些数据里会构建千万级的场景。具体的技术手段包括：通过场景融合来建立用户的行为模式分析、语音控制、交互，等等。

场景 5：隐私保护策略

大数据给小米带来了崭新的活力和创新的源泉，当然，也会有用户因此担心隐私泄露的问题。如果让用户感知到小米在隐私方面有任何漏洞，对小米而言就是灾难，小米需要在大数据的使用和隐私的平衡中间寻求一个平衡点，使用户得到数据分析、人工智能对数据分析的好处，同时又不损害其个人数据的保护。为了解决这个问题，小米引入欧盟 GDPR（《通用数据保护条例》，General Data Protection Regulation）政策。

物联网来临与小米探索

未来呼唤物联网

1. 物联网脚步已近

物联网是基于互联网、广播电视网、传统电信网等信息承载体，让所有能够被独立寻址的普通物理对象实现互联互通的网络，也就是物品与物品之间，进行信息交换和通信的一种网络概念。2017 年国家工业和信息化部印发的《信息通信行业发展规划物联网分册（2016—2020 年）》显示，到 2020 年，物联网总体产业规模将突破 1.5 万亿元，公众网络 M2M 连接数将突破 17 亿个。物联网的核心和基础仍然是互联网，是互联网在终端上的延伸和扩展，区别在于用户端延伸和扩展到了任何物品与物品之间的信息交换和通信，实现万物互联。物联网的应用主要分为面向C端的消费级物联网（以智能家居为首，涵盖可穿戴设备、智能手持终端及娱乐设备、健康护理等）、车联网，面向B端的工业物联网、农业物联网，以及面向G端的城市服务物联网（智慧交通、智慧安防等）。

2. 物联网呼唤新战略、新模式与新组织

谷歌前CEO埃里克·施密特在《重新定义公司》一书中指出，未来企业的成功之道，是聚集一群创造人才营造合适的氛围，充分发挥他们的创造力，快速感知客户的需求，愉快地创造相应的产品和服务，这就意味着企业的组织模式需要发生变化。物联网时代的到来，意味着企业需要实现多种方面的革新与转变。在战略层面进行全新的顶层设计，企业需要不断尝试全新的商业模式、管理模式与组织体系，需要建立全新的企业文化。全新的消费全场景要求企业设计新模式、新组织，通过持续的变革与创新应对外部环境的新挑战，需要针对物联网的全渠道场景设计更高效的流程。同时，企业应基于物联网的全渠道逐渐建立起自己的生态系统，将管理权掌握自己手中。企业也需要充分运用不断发展的各类新型媒体平台，全场景、全方位触达消费者，提高自身在互联网环境中的声量，同时在所有接触点中发出一致的声音，建立统一形象。通过品牌理念和企业文化吸引粉丝，打造持久忠实的用户群体和长期持续的品牌效应。在这个全新的时代，要么我们自己建立一个生态，要么我们就加盟一个生态（或称为被生态化），否则，将无处生存。

小米探索物联网

1. 小米物联网的探索历程

2013 年底，小米就开始探索生态链，以手机为核心扩展品类形成新品扩张的同心圆，最外层是生活方式。小米在生态链早期阶段拥有 77 家企业，小米也从一家生产产品的企业，升级成为一家生产企业的企业。小米通过对生态链企业“参股不控股”“建议不决策”“帮忙不添乱”的策略，逐渐打造了巨型的竹林型生态链。

小米在 3.0 阶段深耕新零售，挺进基于物联网的全渠道模式。小米正在切入家居物联网领域，包括家庭的智能家电个人护理家庭自动化等系列产品，通过在物联网领域的布局，在智能家居行业也有一席之地。目前看来，小米 IoT 生态已初具领先规模。截至 2019 年 6 月底，小米的 IoT 平台连接设备数 1.96 亿台（不包括笔记本电脑、智能手机），而华为 HiLink 平台在 2019 年 8 月已经连接 1.4 亿台 IoT 设备。从这个数据来看，小米平台的连接设备数似乎略胜一筹。而截至 2019 年 9 月，小米的 IoT 平台已连接了 2.13 亿台智能设备。

2. 小米物联网的战略布局与机会点

2018 年 6 月，雷军在 IPO 路演时表达了小米商业模式的新故事——“以手机、智能硬件和 IoT 平台为核心的互联网公司”，这标志着小米正在加速进军物联网。2019 年初，雷军宣布全面进军物联网，未来 5 年持续投入高达 100 亿，争取再次抓住人工智能、物联网时代的新风口。截至 2019 年前三季度，小米 IoT 营收大幅度提升，对小米 2019 年业绩的贡献达到了 29%，这也充分证明小米在 IoT 的战略布局卓有成效。也是在 2019 年，小米系统建设已经比较完善，无论是深度学习、云计算、大数据，还是感知 / 认知、应用、平台及业务，层级布局几乎达到了全面覆盖，并赋能小米的生态及业务。支撑生态型企业的支柱就是小米的 AIoT 战略，即人工智能加小米的物联网作为实现载体的全方位布局。小米想要在物联网万亿级的市场竞争中取得胜利，单靠自己做产品远远不够，最好的办法是做平台、做生态，让大家在自己的生态中开发产品。小米于 2017 年 11 月正式推出了小米 IoT 开发者平台，可实现全体系平台能力的开放分享。

2017 年 7 月，小米找到了 IoT 的新入口——AI 智能音箱“小爱同学”，并将其作为战略制高点。雷军在 2017 年就表示:“3 年前我们认为智能手机最重要，现在 AI 音箱更加重要。”以“小爱同学”为标志，小米 IoT 正式把智能音箱作为战略入口。随着 AI 技术的不断成熟，小米 IoT 逐渐向 AIoT 转化。AI+IoT 将是小米未来战略的核心，而以家居 IoT 为导向的消费级 IoT 将成为小米未来业绩高增的新动能。

3. 组织变革与管理提升

据 2018 年 5 月小米向港交所提交的招股书显示，小米员工共 1.4 万余人，而到 2019 年底其员工数已超过了 1.8 万人，其中有超过 1.6 万名员工在中国大陆。随着新业务机会的不断增加，人员快速扩张，以扁平化、高效率著称的小米“体重”在不断增加。为了适应新业态发展与新模式探索，小米自上市以来到 2019 年 7 月 1 日，进行了 7 次以上组织架构调整，进行了战略性调整。

小米新设了集团参谋部和集团组织部，进一步增强了总部管理职能，并同时调整王川、刘德、洪锋和尚进等高管的工作分工，将原先的电视部、生态链部、MIUI 部和互娱部四个业务部重组成十个新的业务部，其中与IoT战略相关的部门整合为四个硬件产品部及一个技术平台部，将IoT平台单独作为一个独立业务部，以此强化各条线业务的进展，发力消费级IoT。被选拔的各业务板块的带头人更加年轻化，均为“80后”，平均年龄在38.5岁左右，充分显示小米在保证组织整体稳健的同时，不断强化一线的业务突破能力。

总结：快迭代与慢修炼

快迭代是小米在第三战略周期中探索商业模式的特征。小米在 2017 年营收达到 1146 亿元，这是小米自成立以来营收首次突破千亿大关。中国的互联网巨头阿里巴巴用了近 17 年才实现营收千亿的目标，中国制造业的领军者华为则用了 21 年才成为“千亿俱乐部”的一员。对比来看，小米只用了 7 年的时间就突破了千亿大关，确实是一个奇迹。

小米在第三战略周期中的商业模式探索令人印象深刻：从新零售探索与布局，到社交电商的试水、试错与调整，再到全渠道的探索与实践，最终到智能物联网的战略部署与创新，小米对于新商业模式的关注、投入和专注一直保持一种极“快”的节奏，极“高”的效率，极“短”的周期，这反映出小米体系对新商业、新业态与新动态的快速感应能力、爆发力与创造力。小米在商业模式方面的学习能力、消化能力与在创新能力的系统叠加，将促使小米在战略演进中推陈出新、出奇制胜。

慢修炼是小米在应对激烈竞争中夯实管理模式的关键。对于成立刚刚10年的小米来说，虽然业绩一路高歌猛进，但其主要优势还是在经营的爆发力上，而其在组织与管理方面的基础还较为薄弱——抗市场摧残的耐力与持续承受力还需要时间铸就，也需要市场和时间检验。小米领军经营人才的培养、研发与技术体系的积淀，管理机制的打磨与升级，组织体系的夯实与变革，文化的传承与创新都需要时间的磨砺，也需要市场的检验。

雷军非常清醒快迭代需要慢修炼的支撑，快迭代也需要为慢修炼持续创造时间与空间。2019年，小米原销售与服务部改组为中国区，雷军重新披挂上阵担任总裁，全面负责中国区业务开展和团队管理，此举不仅反映出了小米对市场的高度重视，更反映出雷军对组织打磨的亲力亲为。雷军明白，小米在生态链、新零售、社交电商与全渠道的探索是前所未有的，这种新模式的构建需要庞大的来自用户生活与家庭场景的数据。这是世界级互联网企业的最新探索，顺应了商业发展的趋势。

当前多个商业模式与众多业务还需要联动、互动与同频共振，这就需要组织、管理、机制与文化的持续修炼，深度修炼与创新修炼，小米的未来非常值得全世界的期待。

后　记

从 2018 年底到 2020 年初，我们已经对小米进行了一段时间的研究。2018 年，小米生态链尚未成熟，小米之家也刚刚开始布局。一年之后，小米荣登 2019 年世界 500 强榜单，营业额也上升至 2000 亿元左右。2020 年，小米再次名列世界 500 强，排名由 2019 年的 468 名上升至 422 名。

在这个发展过程中，我们不断调整研究和梳理的视角，吸收、归纳、提炼、总结各方观点，加上我们自己的思考，最终形成了这些不甚成熟的文字。最后，我们对小米这 10 年的发展逻辑进行了一个总结，解读小米为什么能发展得如此之迅速？整个小米模式的核心究竟是什么？

提到“小米”二字，你会首先想到什么？

手机？高性价比？发烧？手环？生态链？小米之家？

新零售……太多太多了。小米在短短的10年中用一个又一个惊喜回馈用户和市场，用一个个新名词刷新着人们对营销、产品的想象。究其本质，所有的这一切都是围绕着一个关键词——粉丝。

从小米创立伊始，雷军等初创团队就明确了“小米要做一家有粉丝的公司”的原则和宗旨。“有粉丝”这件事本身不稀奇，很多公司都有粉丝，比如苹果公司，但像小米这样把粉丝作为企业经营的一分子，让粉丝全程参与产品设计的公司并不多见。小米这艘大船一直都有粉丝的位置，无论小米的舰队有多大，这个位置都永远为粉丝保留。

小米也会定期和粉丝开展“米粉节”、小米家宴等活动，这样暖心的用户关系维系方式自然获得了很多粉丝的青睐。在这样的粉丝文化感召下，越来越多的粉丝聚拢在小米的旗帜下。庞大的粉丝群体成了小米日后海量数据的来源，正是海量的数据，成了小米平台战略的基础，进而为日后小米全渠道、新零售线上线下联通奠定了基础。

从另一个角度讲，在未来的商业生态中，必然有一个要素是粉丝。千千万万的用户汇聚成粉丝，并且从宏观来看，这些用户的区别不大，颇有去中心化的意味。粉丝不仅是一家公司的忠实用户，也是公司打造生态、形成生态的肥沃土壤。土壤中的海量数据，能够形成一股强大的力量，为实现万物互联打下广泛的群众基础。这就是构成生态的最原始的逻辑——粉丝形成土壤，土壤培育生态，由此，粉丝即是整个小米模式的原点，我们将其称为原点逻辑。原点逻辑、粉丝战略、生态组织，这可能是小米整个战略中最为核心的秘籍。这样的逻辑和建设是符合未来生态型企业发展的，是符合原点逻辑的。

在今天看来，原点逻辑、IoT、生态链好像还不是普通用户熟悉的概念，但我相信，在未来一定会有越来越多的企业要走上生态型企业的建设、生态型组织的发展之路，在这个方向上，我们认为，支撑生态型企业发展的要素是粉丝，也就是具有一定忠诚度的用户。纵览小米的发展、成长，“粉丝”二字无疑是其中的核心。

粉丝是生态型企业的基础，正是因为有粉丝，才有可能建立起来各种各样的商业模式和生态结构，才会有各类供应商，是粉丝建立起了生态企业之间的桥梁。联结这些生态、铸就这些生态、发展这些生态的关键，就是粉丝。我们也在通篇的讲述中体现了小米把粉丝当作企业基因的战略。

从企业结构上来讲，如果说链条型企业是1.0，平台型企业是2.0，那么生态型企业就是3.0。我们认为，小米现在停留在2.5的阶段，还没有达到3.0的阶段。尽管小米现在已经投入较大的精力布局生态链，但仍不能称得上真正意义的生态。要达到3.0的规模，还需要联结更多用户，积累更多粉丝。

小米的结构、基因决定了小米未来能够在生态型企业这条道路上继续发展和前进。2019年，小米营收2000亿元左右，隐藏在辉煌战绩背后的是雷军及其团队对未来企业发展的不断思考，来自于整个小米上上下下对于初心的坚守。

写了这么多，突然觉得，了解了小米这么多的故事，整理了这么多文字，可能也没能说清小米，也没能真正读懂小米。或许，即使把话筒直接递给雷军，他也可能讲不明白。很多小米所谓的逻辑和打法都属于奔跑中的思考，是一边做，一边总结的。或许，在小米有了更多实践操作之后，消费者才会真正读懂小米。

雷军曾说，公众真正看懂小米，或许需要再等上15年。

对于中国制造业而言，只要方向是正确的，再等15年又何妨？

附录

小米大事记

（截至2020年12月）

2010.4　北京小米科技有限公司正式成立。

2010.8　MIUI首个内测版发布。

2010.12　米聊Android内测版发布。

2011.7　小米创始团队正式亮相，宣布正式进军手机市场。

2011.8　小米手机正式发布。

2011.9　小米正式开放小米手机网络预订。

2011.10　小米手机通过小米网正式发布。

2012.3 第 100 万台小米手机售出。

2012.5 小米手机青春版限量开放购买。

2012.6 小米手机销量超出 300 万。

2013.1 MIUI 全球用户突破 1000 万。

2013.3 小米盒子 & 小米手机同步销售。

2013.4 MIUI V5 手机系统发布。

2013.6 小米社区新首页改版并正式上线。

2013.9 新小米盒子发布，小米电视发布。

2013.12 推出小米移动电源。同时，小米生态链概念逐渐成形。

2014.5 小米平板 1 发布。小米电视 2 发布。

2014.12 小米官方直营店入驻淘宝。

2015.1 小米 Note 发布。

2015.3 小米 Note 特别版发布。

2015.5 小米官方旗舰店入驻京东商城。

2015.6 全新小米路由器、小米蓝牙耳机、小米智能家庭套装、Yeelight 床头灯在小米网首发。

2015.8 全新 MIUI 发布。

2015.9 小米之家在北京当代商城开业。

2015.11 雷军名列美国《财富》杂志“2015 年度商业人物”第七名。

2016.7 红米 Pro、小米笔记本 Air 亮相。

2016.10 全面屏概念手机小米 MIX、小米 Note2 发布。

2016.12 小米生态链企业数量已达 77 家，其中 30 家发布了产品，生态链硬件销售额已突破 100 亿元。

2017.2 小米自主研发的“澎湃 S1”芯片发布。

2017.8 小米 MIX 荣获 IDEA 设计金奖。

2017.11 小米之家首家旗舰店在深圳开业。

小米成为全球最大智能硬件 IoT 平台。

2018.2 小米之家巴塞罗那店开业。

2018.3 中国大陆小米之家数量达 331 家。

2018.7 小米集团正式在香港主板上市。

2018.10 全球最大的小米之家旗舰店落户武汉楚河汉街。

2019.3 小米正式宣布红米 Redmi 品牌独立。

2019.7 小米集团首次登榜《财富》世界 500 强，排名 468 位，成最年轻的世界 500 强企业。

2019.8 小米 2019 年上半年营业收入达 957.11 亿元，

同比增长 20.2%。

2019.9 小米入选"2019 中国大数据企业 50 强"榜单。

2019.12 小米正式进入日本市场。

2020.1 2020 年全球最具价值 500 大品牌榜发布，小米位列第 316 位。

2020.2 小米 10 年集大成之作——小米 10 在国内正式发布。3 月，小米 10 在海外正式发布。

2020.5 小米集团位列 2020 福布斯全球企业 2000 强榜第 384 位。

2020.8 小米集团再次入选《财富》世界 500 强，排名 422 位。

小米集团十周年，小米集团董事长、创始人兼 CEO 雷军发表了主题为"一往无前"的演讲。

2020.11 2020 年双十一活动期间，中国区新零售全渠道累计总销额突破 143 亿。

2020.12 第 1000 家小米之家落户成都万象城。

小米再次入围《财富》全球未来 50 强榜单，排名第 19。

小米 11 发布，将于 2021 年 1 月 1 日正式开售。